こんなにある

家を売るのが難しいケース

登記関係

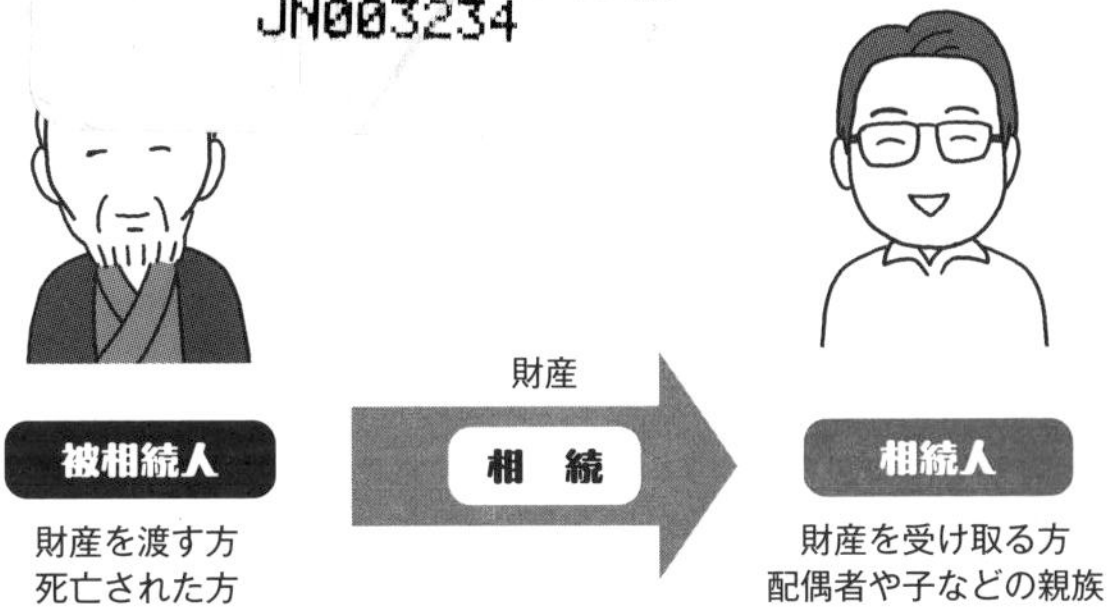

・相続未登記だと名義変更しないと家は売れない
・放っておくと固定資産税等が６倍になるので注意！

ローン関係

・一見良さそうなペアローンも夫婦仲が悪くなるとリスクに…
・自分が住んでいない家のローンを支払い続けなければいけない可能性も…

はじめに

いま世の中に「訳あり不動産」がどんどん増えていることをご存知ですか。

「訳あり不動産」と聞くと、孤独死があったり自殺が起こったりした事故物件、床に置いたビー玉が自然に転がったり土台がシロアリに食われていたりする瑕疵《かし》物件のことと思われがちです。確かにそうしたケースもありますが、実際には別の「訳あり」が深刻になりつつあるのです。

代表的なのが、一つの不動産を複数の人が所有している「共有関係」の訳あり。

何気なく共有にした結果、共有者の意見がまとまらず、ドロドロの争いになったりします。

また、隣地との境界線がはっきりしないなどの「相隣関係」の訳あり。境界が不明な土地は売ろうにも売れませんし、建物を建てるにしても後から訴えられるリスクがあります。

あるいは、建築法規に絡んで問題になりやすい「接道関係」の訳あり。

建物の建っている敷地が4m以上の幅のある道路に2m以上接していないと、基本的に建物が建てられません。

最近、社会的に注目されている「空き家」もある意味、訳ありです。

誰も住む人がおらず、そのうち庭の草木がぼうぼうに伸び、やがては建物や塀などが倒れたりして周辺に迷惑をかけます。

日本全国にこうした「訳あり不動産」がどれくらいあるのか、はっきりしたことは分かりません。しかし、２０１８年時点で国内にある住宅は約６２００万戸。そのうち少なくとも1割から2割ぐらいあってもおかしくないと思います。1割とすれば６２０万戸、2割なら１２４０万戸にもなります。

みなさん「自分には関係ない」と思っているかもしれませんが、いつの間にか訳あり不動産に巻き込まれ、ある日突然その状況に気づいて驚くケースはこれからもっと増えていくでしょう。

なぜなら日本では２０２３年、約１５９万人もの人が亡くなりました。人が亡くなると必ず起こるのが相続です。相続が訳あり不動産を生みだしたり、発覚したりするきっかけになっています。

他にも、結婚を機にマイホームを購入するカップルがいますが、最近は都心部のマンション価格が大きく上昇し、購入代金のほとんどをペアローンでまかなうケースが増えています。しかしその後、離婚するとなるとペアローンで買ったマイホームがお荷物となり、買った時より値下がりしていたりすると身動きがとれなくなります。

本書はこうした訳あり不動産の実態について知っていただくためにまとめました。

申し遅れましたが、私は株式会社ネクスウィルの代表取締役を務める丸岡智幸と申します。

私は高校卒業後、大手電力会社に入社しました。しかし、２０１１年に東日本大震災が発生し、会社が潰れてしまうかもしれないという不安に襲われ、２０１２年に転職を決意。投資用不動産の販売を手掛ける会社に移りました。

もともと不動産に興味があったことと、小さい頃から人と接することが苦にならない性格だったことから不動産業界で営業職についたのです。

入社後はレスポンスの速さを徹底するなど努力を重ね、順調に昇進を重ねました。しかし、統括ポジションに着いた頃、またしても勤める会社が存亡の危機に陥りました。どうすべきか考えた末、部下を路頭に迷わせないために起業を決意し２０１９年、現在の会社を創業しました。

設立当初は長年携わっていた投資用不動産の売買仲介を手掛けました。ただ、競合他社がひしめく中で後発組の私たちにできることは限られ、新たなビジネスモデルを探して試行錯誤を続けるうち、共有不動産で困っている人が増えているという話を聞きました。

「ひょっとして大きなニーズがあるのではないか」。

そう考え２０２０年10月、共有持分など訳あり不動産に特化した買い取り事業を開始し、「ワケガイ」という専用サイトをオープンしました。さらに22年2月には訳あり不動産や空き家を個人間売買できる「空き家のＵＲＩ・ＫＡＩ」も立ち上げました。これらが時代のニーズにマッチし、いまや年間３０００件以上の問い合わせをいただき、５００件以上の訳あり不動産を買い取らせていただいています。

不動産業界には戸建てやマンションの買取専門業者も数多く存在しますが、訳あり不動産に特化した買い取りやマッチングを行う不動産業者はほとんどありません。私たちは訳あり不動産のリーディングカンパニーとして、多くの方たちのお役に立つべく事業を拡大しているところです。

さて、本書では第1章から第9章まで、よくある典型的な「訳あり不動産」を巡るトラブルを一つずつ取り上げていきます。

各章の冒頭には私がこれまで見聞きしてきたトラブルのケースをマンガで紹介しています。その上で、そのケースでは何がトラブルの原因であり、どのようにすれば解決できるのか、解決ができない場合はなぜ難しいのか、事前に防ぐにはどうしたらいいのか、などを解説していきます。

本書をきっかけに「訳あり不動産」についての知識を深め、ご自身がなるべく「訳あり不動産」のトラブルに巻き込まれないように、もし巻き込まれたとしてもダメージが少ないうちに解決できるよう、そしてできれば事前に防げるようになっていただくことを願っています。

丸岡智幸

目次

CHAPTER

1

相続登記

相続した実家を売ろうしたら「売れない」と言われてビックリ（1）

訳あり不動産の風景1

自宅の名義が曾祖父のまま誰が相続したのかも不明

いらっしゃいませ
訳あり不動産
が得意な不動産会社
株式会社ネクスウィル
代表 丸岡智幸
加藤さん
実家を売れないと
言われて
困ってます…
私は大学進学で
九州から上京しました
都内の大手企業に勤務し
妻と高校生と中学生の
2人の子どもがいます
数年前に父
昨年母
が亡くなり
一人っ子の
私が
九州の実家を
相続しました
将来
九州に戻る
予定は
ありません

母の葬儀の際
実家の不動産誰か引き取ってくれないかな
・・・
処分するのが一番かな
そうだな
それがいいわ
地元の不動産屋へ
いまのままでは売れませんね
えっ
うちでもいまのままでは売れません
えっ
それなりに大きな町の市街地なのに…
売れるはずでしょ
どうしてですか？

登記が変わって
ないからですよ
登記？
3代前から
所有者の名義が
変わってませんね
3代前って…
父
祖父
曾祖父か
調べてみると
曾祖父には2人の息子と3人の娘がいて
長男だった祖父には4人の息子と娘が1人いました
曾祖父
曾祖母
祖父
祖母
大叔父
大叔母
大叔母
大叔母
父
母
叔父
叔母
叔父
叔父
私
妻
息子
娘

不動産会社の話によると不動産を私名義の登記にしないと買い手は付かないというのです
どうしたらいいんでしょうか?
民法上不動産の所有者は所有する不動産を自由に処分できます
問題は取引相手に自分が本当の所有者であることを証明できるかどうかです
登記簿上の名義人と所有者を名乗る人が別なら怪しまれるのは当然です
所有者です
あやしい…
所有者？
名義人

加藤さんの場合
お父さんの代
その前のおじいさんの代
さらにその前のひいおじいさんの代に
曾祖父
祖父
父
私
さかのぼって
相続人を探し出し
確認を取る
必要がありますね
まさか！
そんなこと
できるんですか？
ご自分では
確かに難しいでしょう
でも、私たちが
買い取って
弁護士を使えば
なんとかできるかも
しれません
もう少し詳しく
お話を聞かせて
いただけ
ませんか？
ほっ

① トラブルのポイント

● 2070年まで毎年150万人が亡くなる！ そこで必ず発生する相続

日本では2023年の1年間に約159万の人が亡くなりました。これは1899年に統計をとりはじめてから最多です。年間の死者数が100万人を初めて超えたのが2003年なので、20年ほどで約5割以上増えたことになります。

今後も亡くなる人は増え続け、2040年におよそ167万人のピークを迎えた後は少し減っていきますが、それでも2070年頃まで年間150万人以上のままではないかと予想されています。

人が亡くなると必ず起こるのが「相続」です。「相続」とは民法上の制度で、亡くなった人（被相続人）が生前、所有していた資産や権利（プラスの財産）は一部の例外を除き、借金などマイナスの財産も含めて配偶者や子どもなどの相続人に引き継がれます。

相続そのものに特別な手続きは不要です。法律の規定によって自動的に引き継がれるのです。

● 相続財産の処分には一定の手続きが必要

とはいえ、加藤さんのケースのように、相続があって資産が相続人に引き継がれたとしても、相続した資産を売却したりするには一定の手続きが必要です。

「この土地は私が相続したものなのであなたに売ります」といっても、買い手からすると本当に相手がその不動産の正当な所有者なのかどうか確認できなければ代金を支払うわけにはいき

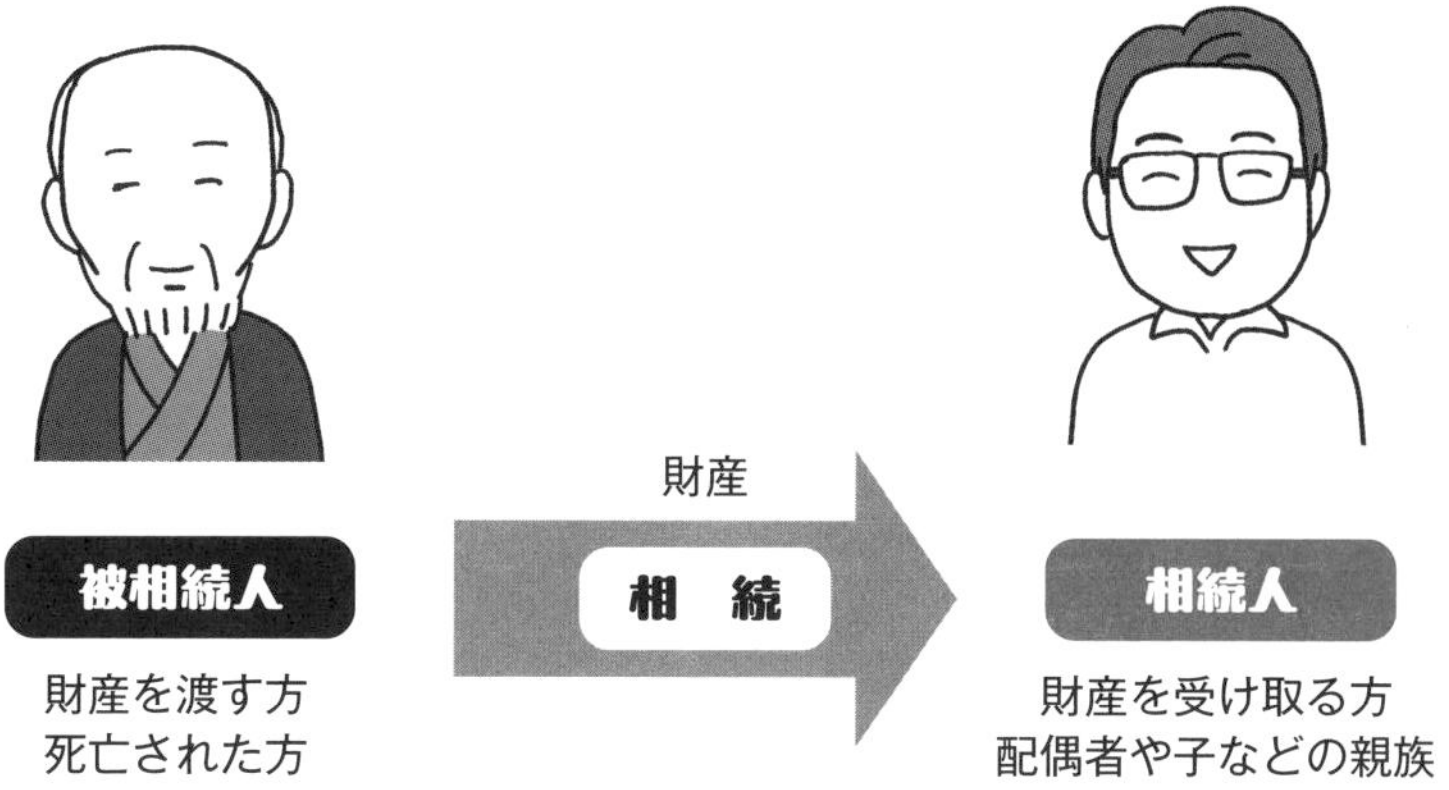

図表 相続では亡くなった人（被相続人）の財産が自動的に相続人に引き継がれる

ません。相続人としては自分が正当な所有者であるということを証明しなければならないのです。

不動産の場合、そのための最も確実で一般的なのが登記簿上、所有権の欄に名義人として名前が記載されていることです。

具体的には、相続が発生したら相続を理由として法務局に申し出て、不動産の所有権の変更登記（相続登記）を行わなければなりません。

相続登記には「戸籍謄本」と「遺産分割協議書」が必要

不動産の相続登記で必要になるのが「戸籍謄本」と「遺産分割協議書」です。

まず、亡くなった人（被相続人）の「戸籍謄本」は、相続が発生したこと及び相続人に当たるのが誰なのかを証明するために必要な書類で

1．相続人を確定させる

2．被相続人の財産を確定させる

3．遺産分割協議を行う

4．合意内容を記載した遺産分割協議書を作成する

図表　遺産分割協議の流れ

す。

　戸籍は結婚や離婚、転籍、あるいは養子縁組をした場合など一生の間に複数つくられます。亡くなった人（被相続人）の出生から死亡までの連続した戸籍謄本を確認することで、誰が相続人かを確定することができるのです。

　また、相続発生時に相続人が生きていることを証明するために用意するのが相続人全員の「戸籍謄本」です。亡くなった人（被相続人）の戸籍謄本は出生から死亡までが必要ですが、相続人の場合は現在の戸籍だけでかまいません。

　なお、戸籍謄本の取得は本籍地の役所に本人か代理人が出向く他、郵送で取り寄せたり、マイナンバーカードがあればオンライン申請やコンビニで取得することもできます（所定の要件や必要書類があります）。

　亡くなった人（被相続人）が死亡した時の住

所と登記されている住所が違っている場合は、前の住所地で記録されている「住民票の除票」又は「戸籍の除附票」によって住所が移転したことを証明する必要があります。

●相続人の話し合いをまとめたのが「遺産分割協議書」

もう一つ必要なのが「遺産分割協議書」です。亡くなった人の遺産は、相続人が一人であればその人がすべて相続します。しかし、相続人が複数いる場合は、誰がどれだけ、どの遺産を引き継ぐかを決めなければなりません。

決め方には大きく分けて、「遺言書」によるケースと「遺産分割協議書」によるケースがあります。

「遺言書」は亡くなった人（被相続人）が生前に一定の要件に従って作成した遺産分割等についての意思が示された書類で、相続人などはその内容に拘束されます（ただし、「遺留分」といって一定の権利は保証されます）。

もう一つの「遺産分割協議書」は、遺言書がない場合などに相続人全員で「誰がどの財産を取得するか（分割するか）」を決め、その内容をまとめた書類です。遺産分割協議がまとまると「遺産分割協議書」を作成し、相続人全員が署名し、実印を押します。遺産分割協議によって相続する場合は、相続人全員の「印鑑証明書」も必要です。

このように「遺言書」又は「遺産分割協議書」がないと相続した不動産の登記をすることができません。

相続が発生した時、遺産に含まれる不動産についてこうした登記手続をしないままでいると、次の相続においてもそのまま放置される傾向が

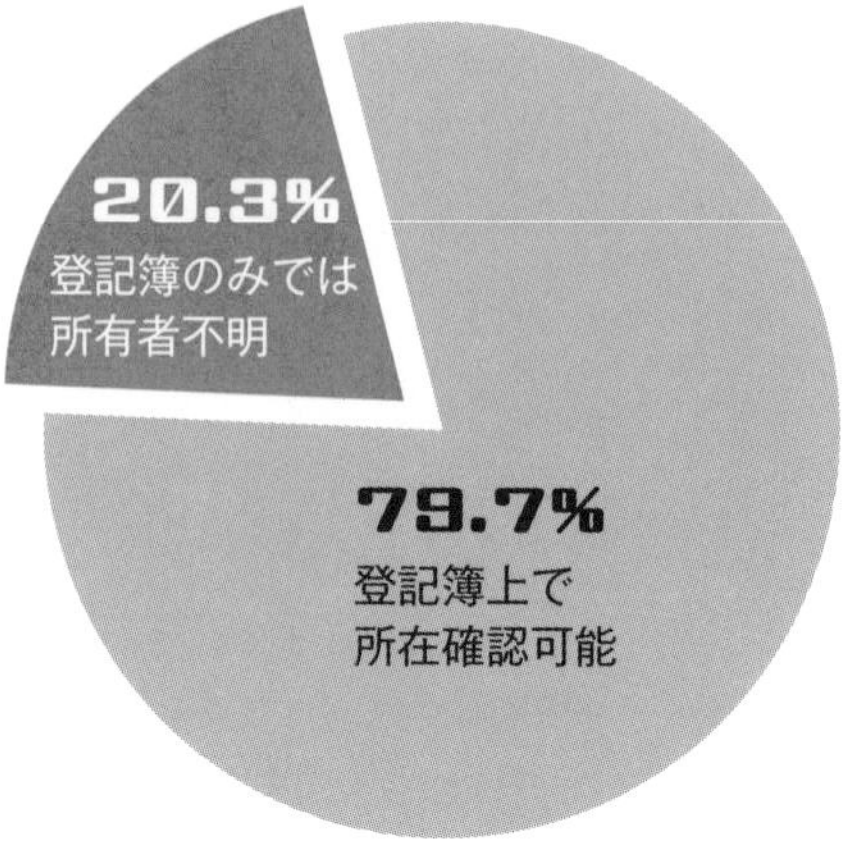

図表 所有者不明土地の割合（2016年時点での推計）
※国土交通省資料

あります。次第に誰が相続人だったのか、どのように遺産が分割されたのかが分からないまま年数が経っていきます。**そうした不動産は最終的には所有者が不明の土地（所有者不明土地）となります。**

年々増え続けている所有者不明土地

政府の研究会が５年ほど前にサンプル調査したところ、最後の登記から50年以上経過している土地が、大都市で６・６％、中小都市・中山間地域では26・６％あることが分かりました。最後の登記から90年以上経過しているものも大都市で０・４％、大都市以外で７・０％あったそうです。

また、地籍調査等を活用した国土交通省の推計（２０１６年時点）では、全国の土地の所有者不明率は20・３%、所有者不明の土地面積は約４１０万haにのぼるそうです。

　ちなみに、九州本島の土地面積が約３６７万haなので、それを上回る土地がすでに所有者不明になっています。

② トラブルの原因

● もともと不動産登記の仕組みに問題あり

　日本では土地と建物は別々の不動産であり、土地と建物の登記は別に行われます。では、なぜ相続未登記の土地が生まれてしまうのでしょうか。**最大の理由は、相続登記が義務ではなかったことにあります。**

　不動産登記には大きく分けて「表示登記（表示に関する登記）」と「権利登記（権利に関する登記）」があります。

「表示登記」はその不動産がどこにあり、面積はどれくらいか、どういう用途で使用されているのかといった基本的な情報を記載し、不動産を特定するためのものです。主に建物の新築、増改築、滅失、土地の一部売買、分割などの際に行われ、土地であれば所在と地番、面積など、建物であれば所在と家屋番号、床面積などが記載されています。

この表示登記は法律で義務化されています。

一方、「権利登記」は不動産の現在の所有者が誰で、いつ不動産を取得したか、抵当権などの担保はついているかなど、権利関係の情報が記載されています。

さらに「権利登記」は登記簿では「甲区」と「乙区」に分かれており、甲区には所有権に関する情報（所有権、所有権の仮登記、差押え、仮処分など）が記載され、乙区には所有権以外に関する情報（抵当権、根抵当権、質権、先取特権、利用権である賃借権、地上権、地役権、永小作権、採石権など）が記載されています。

重要なことは「表示登記」は義務化されているのに対し、「権利登記」は旧民法以来ずっと義務化されていなかったことです。

「権利登記」は第三者へ権利主張するため

なぜ義務化されていなかったのか。それは、権利登記は自分の権利（所有権など）を第三者に対して主張するためのものだからです。

どういうことかというと、例えばある土地の所有者Ａがその土地をＢとＣの二人に別々に売却したとします（二重売買）。

Ａの行為は詐欺罪等に問われかねませんが、現実的にはありえる話です。Ａの土地はＢのものかＣのものか。そこで登記が重要になります。登記簿上、先に所有権者として登記したほうが勝つのです。例えばＣが先に登記を終えれば、Ｂは売主のＡに損害賠償請求などはできますが、Ｃに土地を引き渡せとは言えません。これが登記の対抗力と言われるものです。

結局、不動産の登記をするかしないかは権利者の自由です。特に相続による権利移動の場合、

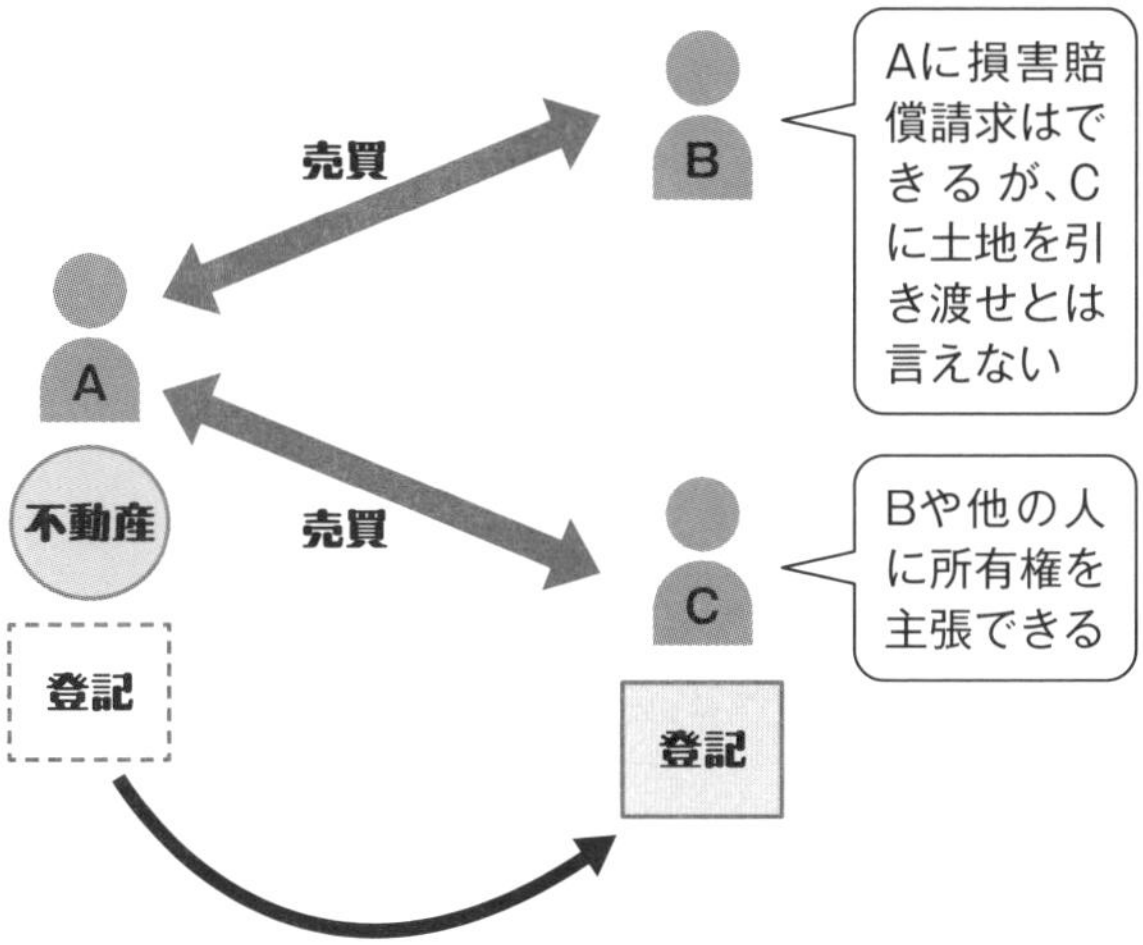

図表 二重売買と登記の関係

二重売買といったリスクもほとんどなく、所有権を移転する相続登記が行われないケースがこれまでかなりあったのです。

● 意外に多い「とりあえず共有」

加藤さんのケースのように相続があった時に所有者を変更する（その不動産を相続することになった相続人に名義を変える）登記が行われていない原因としてもう一つあげられるのが、**「とりあえず共有」**です。

これは私の造語ですが、相続人が複数いる場合、本来なら不動産を含めてどの遺産を誰が相続するのか決めるべきなのですが、現金などと違って不動産は分割しにくいため、ついなんとなく「共有にしておけばいいか」となってしまうのです。

もちろん、相続においては複数の相続人の間で遺産分割について揉めることもあり、そうなると裁判などで決着がつくまでは不動産の名義は亡くなった人（被相続人）のまま、実質的には相続人全員の共有（相続共有）になっています。

ただ、その場合、時間はかかるかもしれませんが、いずれ裁判で決着がつけば、単独所有になるか第三者にまとめて譲渡されるケースが多いでしょう。

「とりあえず共有」はこれとは違い、相続人の間では「共有にしておけばいい」という同意ができています。例えば、亡くなった両親が家と土地を遺したものの、子どもたちは皆地元から離れており家に住む者はいないとしても、親が苦労して建て、思い出深いわが家を手放すのは忍びないと子どもたちが考えることがあります。

こうした場合、**「とりあえず共有」にしておき、固定資産税をみんなで負担して払い続けたりするのです。**

「とりあえず共有」は当事者意識が薄いので相続時に登記が行われないことになり、まさに加藤さんに似たような状況になります。次の世代がその不動産を相続するうちどんどん名義（所有権）が細分化され、共有関係が複雑になっていきます。極端なケースでは普通の住宅の土地、建物に１００人単位の共有名義人が出現する場合もあります。

③トラブルの解決策

●相続人を遡って確認するしかない

相続登記が何代にもわたって行われていない場合、基本的には戸籍を父母、祖父母、曾祖父母と遡っていき、そして曾祖父から代々の相続人を調査する必要があります。

加藤さんの場合、祖父の相続人を探すことから始めることになります。曾祖父には５人、祖父には４人の子がいたことが分かっています。おそらく曾祖父の子は全員、亡くなっているでしょう。祖父の子は加藤さんにとっては叔父や叔母にあたり、存命であれば探すことは可能かもしれません。叔父や叔母が亡くなっていれば、その配偶者と子が相続人になっているはずです。

祖父の相続人が判明したら連絡を取り、加藤さんの実家の土地・建物を加藤さんが取得することについて同意をもらうのです。他の相続人にしたら、いままで気にもとめていなかった話であり、地方であればさほど値の張る不動産でもなく、異議を唱える人はまずいないでしょう。

しかし、祖父の相続人の中に所在が分からない人がいる場合、祖父の戸籍謄本や除籍謄本などを辿って、現在の住所を特定していく作業が必要となります。例えば、曾祖父の戸籍に入っていた大叔父や大叔母を探し、その大叔父や大叔母の戸籍からその子などを探し、現在の所在を探していきます。

こうして話し合いの結果を記した遺産分割協議書を作成し、全員から署名と押印（実印）をもらいます。相続登記を申請するのに必要となるため、併せて全員の印鑑証明書をもらいます。その手間に対していくばくかのお礼をするのもいいでしょう。遺産分割協議書ができ印鑑証明

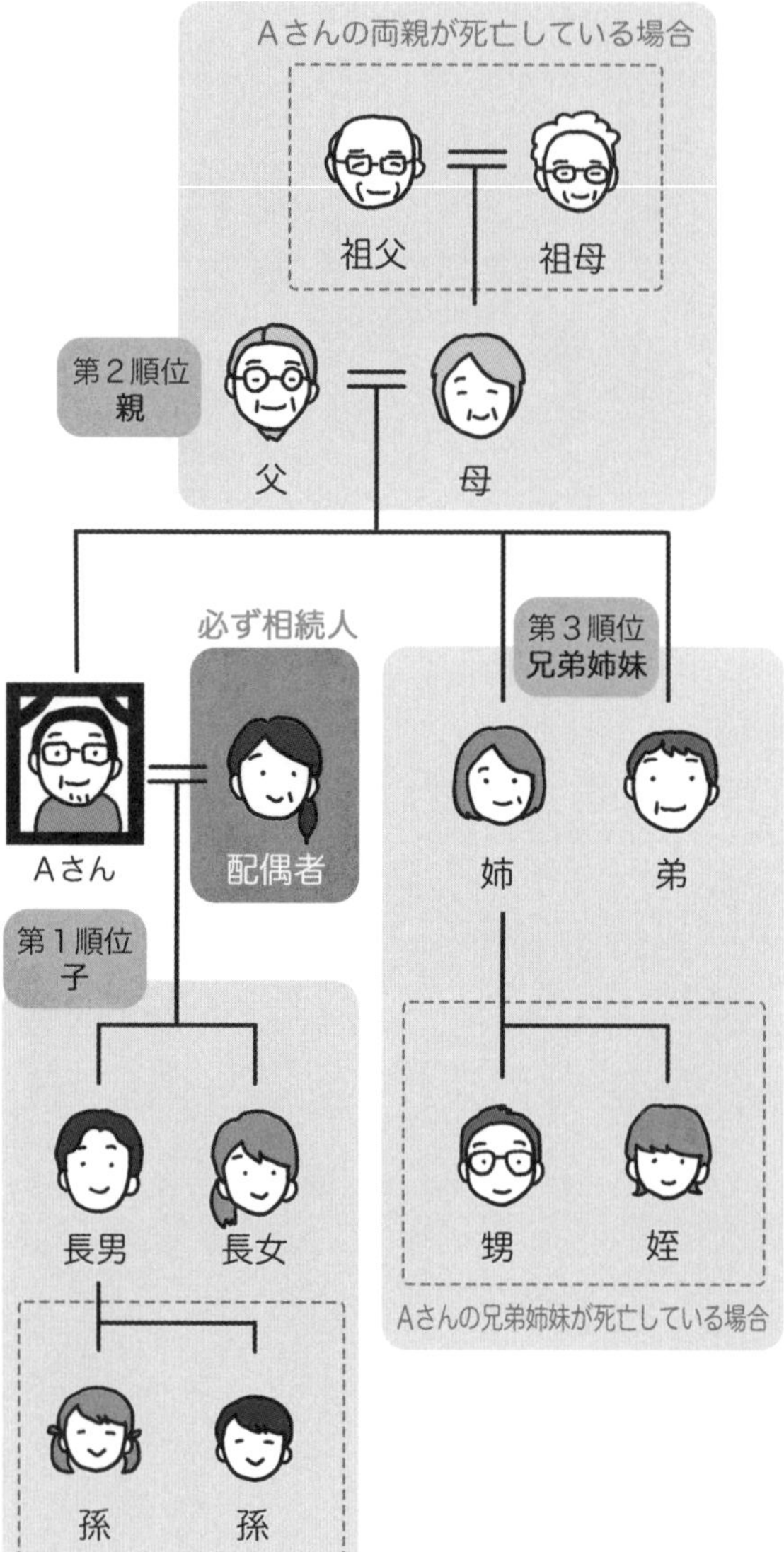
Aさんの両親が死亡している場合
祖父
祖母
第２順位
親
父
母
必ず相続人
Aさん
配偶者
第３順位
兄弟姉妹
姉
弟
甥
姪
Aさんの兄弟姉妹が死亡している場合
第１順位
子
長男
長女
孫
孫
Aさんの子が死亡している場合

図表 相続人の範囲

書も揃ったら相続登記をし、ようやく手続きが完了します。

●弁護士に依頼するほうが合理的

このように過去に遡って相続人を探し出し、一人ひとり事情を説明することは、一般の人が仕事の合間に行うのはなかなか難しく、弁護士に依頼したほうが合理的です。

弁護士には依頼者の権利を行使するため必要な範囲で調査をする権限が与えられており、戸籍事項証明書や住民票などを職権で取得できるのです。もちろん委任を受けた依頼者の権利行使に必要な範囲ですが、それこそ旧民法ができた明治時代にまで遡って全国各地の法務局や自治体に問い合わせて調べることも可能です。

また、私たちのような訳あり不動産を専門とする不動産会社に売却するというのも解決策の一つです。

普通の不動産会社に持っていっても、所有者が数十人いるという時点でそもそも相手にしてくれません。

当社の場合、買い取らせてもらった後、提携している弁護士の力を借りて名義人を追跡し、各々の持分を整理することで解決していきます。

❹トラブルの予防策

● 実家の登記を早めに確認

多くの人は実家の登記がどうなってるのか、見ようと思えば見れるはずです。しかし、普通は見たこともないでしょう。かくいう私自身、親の実家について登記簿を見たことはありません。そのため、相続が発生して初めて相続登記が何代にもわたって行われていないことに気づいたりするのです。できれば親が元気なうちに一度、実家など親が所有している不動産の登記簿を確認すると良いでしょう。そこで祖父や曾祖父の代の登記のまま終わっていることに気づくかもしれません。気づいたらすぐ、過去の相続人（共有者）の調査を始めましょう。時間的な余裕があれば自らのルーツ探しを兼ねて、個人でもやれるかもしれません。

● 相続登記の義務化と事前対策

これに関連して、相続登記の義務化が新たに始まります。２０２４年４月１日以降、不動産を取得した相続人は、原則として相続から3年以内に相続登記の申請をしなければなりません（厳密には相続開始を知った日から3年以内）。**正当な理由がないにもかかわらず申請をしなかった場合には、10万円以下の過料が科されることがあります。**注意しなければならないのは、過去の相続も対象になることです。その場合は原則として２０２４年４月１日から3年以内です（相続開始を知った日のほうが遅い場合はそれから3年以内）。また、住所などを変更した場合も２０２６年４月１日に登記申請が義務化される予定で、**こちらは変更があった日から2年以内に登記申請しないと5万円以下の過料の対象となります。**

過去の相続も義務化対象 2024年4月施行	相続によって不動産を取得した相続人に対し、**その取得を知った日から3年以内**に相続登記の申請をしなければならない
氏名・住所変更登記も義務化 施行日未定 （2026年4月までに施行）	登記簿上の所有者については、その**住所などを変更した日から2年以内**に住所等の変更登記の申請をしなければならない
怠ると過料の可能性	正当な理由がないのに違反した場合は**過料**の適用対象

図表 相続登記の義務化のポイント

ただし、相続登記にしろ、変更登記にしろ、正当な理由がある場合には過料の対象となりません。具体的には下記のようなケースです。

(1) 相続人が極めて多数に上り、戸籍謄本等の必要な資料の収集や他の相続人の把握に多くの時間を要するケース

(2) 遺言の有効性や遺産の範囲などが争われているケース

(3) 申請義務を負う相続人自身に重病等の事情があるケース

ところで、先ほども触れたように相続にあたっては遺産分割協議を行うのが一般的です。これは相続人の間でどの遺産をどのような割合で分けるかを決めるものです。

不動産についても遺産分割協議がまとまらないと、実際には登記の申請が行えません。遺産分割協議書を提示しないと法務局の窓口では相続登記が受付けてもらえないからです。

　もし相続人の間で揉めると、遺産分割協議が何年にもわたって棚上げされるケースもあります。そこで「相続登記の申請義務化」と同じく、２０２４年４月１日から「相続人申告登記」という制度が設けられることになりました。

　これは、登記簿上の所有者（亡くなった人＝被相続人）について相続が開始したことと、自らがその相続人であることを申し出る制度です。相続登記の申請義務の期間内（３年以内）にこの申出を行うと、申出をした相続人の氏名・住所等が登記され、申請義務を履行したものとみなされます。遺産分割協議が成立していることは不要です。ただし、権利を公示するという不動産登記本来の効果はなく、これまでの登記とは性質が違います。持分の登記もされません。

添付書面としては、申出をする相続人自身が被相続人（所有権の登記名義人）の相続人であることが分かる相続人自身の戸籍謄本を提出すればＯＫです。

チェック

- 所有者不明の土地面積は九州本島の土地面積を上回る。
- 相続の場合、所有権を移転する相続登記が行われないことがよくある。
- 親が元気なうちに、不動産の登記簿を確認。
- 2024年4月1日以降、相続登記の申請を3年以内に行わなかった場合、10万円以下の過料が科されることがある。

CHAPTER

2

接道義務違反

相続した実家を売ろうしたら「売れない」と言われてビックリ（2）

訳あり不動産の風景2

公道に通じる通路の権利が不明で建て替えできない！

佐々木さん
実家を売ろうとしたら
これでは売れないと
言われてしまって…
15年ほど前に
両親が亡くなり
埼玉県内にある
実家を相続しました
お盆や正月に集まれる
ところがあるのはいいなあ
子どもたちも
成人して
独立しました
俺もそろそろ
定年だしな…
いずれは実家に
戻るのもいいかな

定年したら埼玉の実家に戻ろうか?
勝手にして
えっ
だってお友だちもサークル仲間もみんなこの家の近所なんだもん
今さら知り合いも身内もいないところに行きたくないわ
え〜っ
これまで妻に任せっきりで家事もやってこなかったし……
1人で実家で生活する自信ないな〜
実家は処分しよう

まとまった休みが取れたぞ
実家を整理して不動産屋を回ろう
売却の相談なんですが…
登記簿と測量図を用意してください
登記簿と測量図…
登記簿と測量図です
これでいいでしょ
これでは売れませんね
えっ
そう言われて帰ってきました…どうすればいいですか？
あ〜これは…

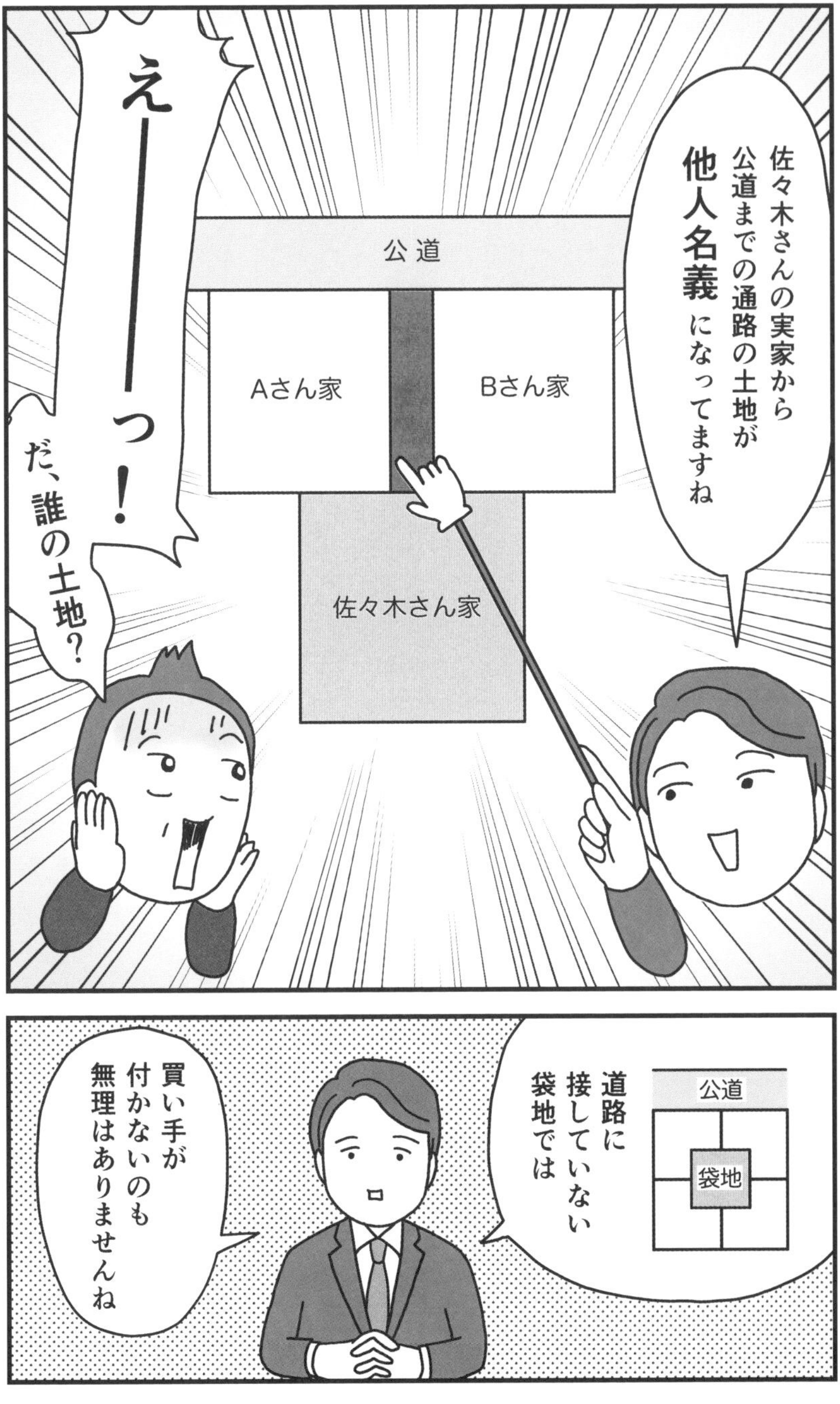
佐々木さんの実家から
公道までの通路の土地が
他人名義になってますね
公道
Aさん家
Bさん家
佐々木さん家
えーーっ!
だ、誰の土地?
道路に
接していない
袋地では
公道
袋地
買い手が
付かないのも
無理はありませんね

父が自宅を建てたときその通路を使わせてもらう約束をしたはずですけど…
合意書などは？
残ってません…
売れないなら自分で建て替えるのは…？
道路に接していないと建築確認申請がおりませんね
は〜
せいぜい今の家をリフォームして使い続けるくらいしかないってことですね…
は〜〜

何とかできないわけでもありませんよ
例えば通路部分の所有権を持っている人と交渉してはいかがでしょう
公道
Aさん家
Bさん家
佐々木さん家
一定の権利金を支払って通行地役権を設定させてもらうんです
そうすれば今後建て替えや通行などに支障は生じません
そうした面倒なことはもういいということでしたら
私たちが買い取らせてもらうことも可能ですよ
ほっ

①トラブルのポイント

● 土地の価値は道路が決める！

土地の価値（価格）は、大都市と地方都市、繁華街と住宅地などエリアによって違うということはみなさん感覚的に理解していると思いますが、それとともに極めて重要なのが道路との関係です。「不動産は道路がすべて」と言われることもあります。

なぜなら、土地の価値はそこにどんな建物が建てられるかによって変わってきます。そして、「どんな建物が建てられるか」を左右するのが道路なのです。

そもそも法律上、道路に接していない土地に建物を建てることは認められません。許可がおりないのです。

また、土地が道路と接している長さや接している道路の幅によっても建てられる建物の大きさなどが変わってきます。

● ４ｍ幅のある道路に２ｍ以上接していることが必要

現在の法律（建築基準法）では、建物を建てるためには原則として敷地が、**４ｍ以上の幅のある道路に２ｍ以上、接していなければなりません。**これが「接道義務」と呼ばれるものです。

逆に言うと、接道義務を満たしていない敷地に建物を建てることはできません。あるいは、接道義務を満たしていない土地にすでに建物がある場合、増築や再建築は禁止されます。接道義務に違反すると、建築中であっても工事の停止を命じられたり、取り壊さなければならなくなる可能性もあります。

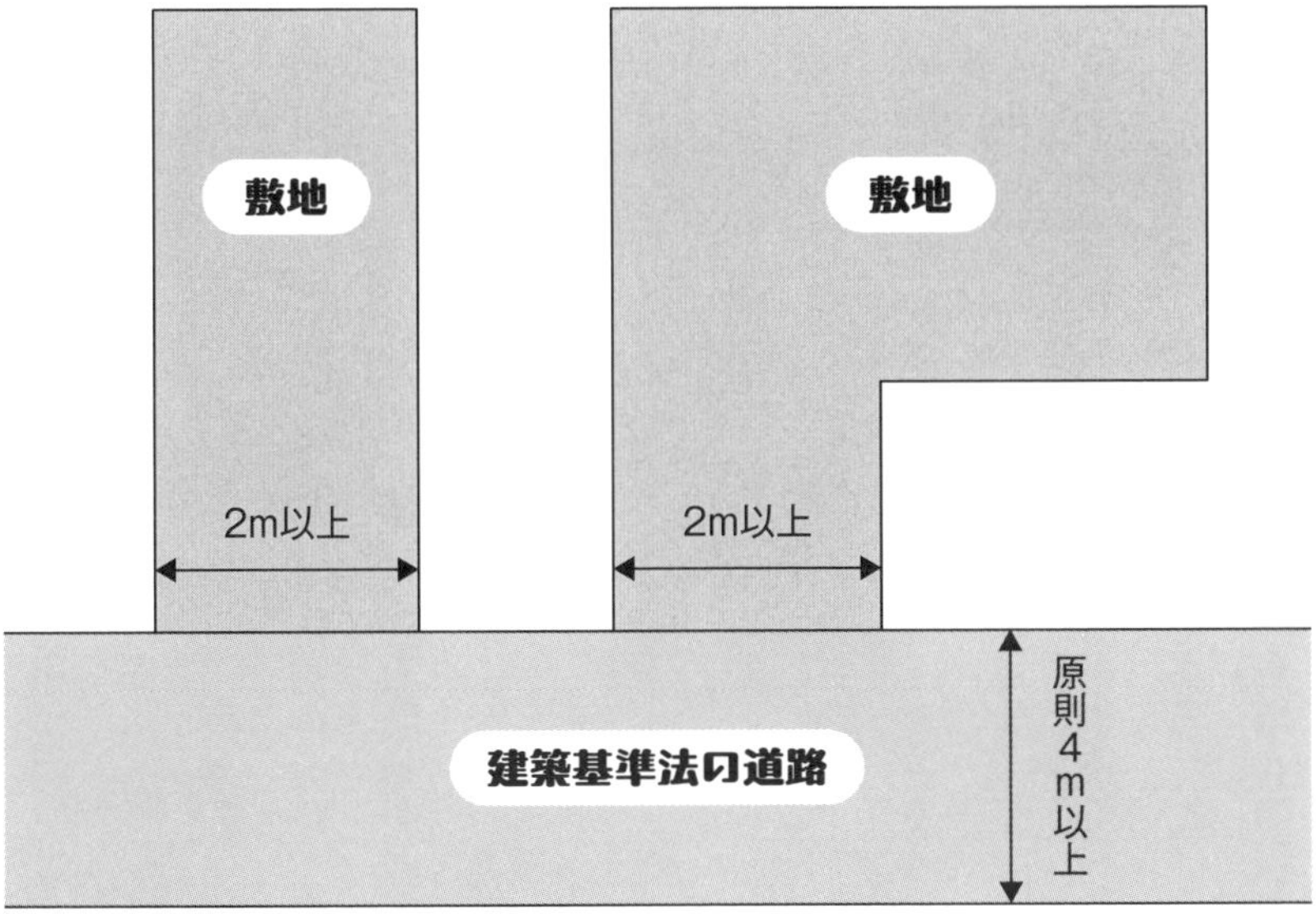

図表 建物を建てる敷地の「接道義務」

1	第42条第１項第１号	道路法によるもの（一般国道、都道府県道、市町村道などの公道）
2	第42条第１項第２号	都市計画法、土地区画整理法などによるもの（開発道路）
3	第42条第１項第３号	建築基準法が施行された1950年（昭和25年）11月23日以前から存在するもの
4	第42条第１項第４号	道路法や都市計画法により２年以内に事業が行われる予定があり、特定行政庁が指定したもの
5	第42条第１項第５号	特定行政庁が位置を指定したもの（位置指定道路）
6	第42条第２項	建築基準法が施行される前から存在する幅員４メートル未満で特定行政庁が指定したもの（２項道路、みなし道路）

図表 建築基準法上の道路

● 見た目は道路でも道路ではない？

さらに話がややこしいのは、「道路」と言っても見た目で判断できないことです。「接道義務」における「道路」について、建築基準法では前ページの図表「建築基準法上の道路」のように6つに分類しています。これら以外は基本的に「接道義務」における「道路」ではありません。

● 位置指定道路はあくまで私有地

佐々木さんのケースでは、実家が建っている土地から公道に出るための通路は5番目の「位置指定道路」に当たると思われます。

「位置指定道路」とは、都道府県や市町村長等から「土地のこの部分は道路である」というお墨付き（道路位置指定）を受けた幅４ｍ以上の私道のことです。

例えば、広い土地をいくつかの区画に分けて販売する場合、直接、道路に接していない区画ができることがあります。その場合、自治体等の基準に合わせた道路（私道）をつくり、自治体などに申請して「位置指定道路」とするのです。

位置指定道路は国や自治体が所有・管理するものではなく、あくまで個人等が所有する私道です。そのため権利関係にともなって、いろいろなトラブルに繋がることがあります。

② トラブルの原因

●「私道」は様々なトラブルの宝庫

繰り返しになりますが、「位置指定道路」は建築基準法においては「道路」として認められ、４ｍ以上の幅があってそこに２ｍ以上接している土地であれば建物が建てられます。

しかし、もともと「位置指定道路」は私有地（私道）であり、所有者がいます。位置指定道路はいったん指定を受けると勝手に改変したり廃止したりすることはできませんが、原則としては使用にあたって所有者の承諾がいります。

そこで一般的には、「位置指定道路」に面する土地の所有者が、「位置指定道路」の所有権を共有したり、「位置指定道路」の部分の土地を細かく分筆してそれぞれ所有したり、あるいは通行地役権といって「位置指定道路」の部分を通行する権利を設定して登記簿にも記載するといった方法をとります。

ただ、**中には何らかの理由で「位置指定道路」に面した土地にある建物を所有しながら、「位置指定道路」を利用するための権利がないケースがあります。**

こうなると建物を建て替えるために工事車両が通行したり、新たに配管類を設置するために掘削する際、いろいろ面倒なことになります。一定の承諾料を請求されたり、普段から仲が悪かったりすると承諾を拒否されたりすることもあります。

また、位置指定道路の共有持分があったり、位置指定道路の土地を分割して所有していたとしても、建て替えや配管類の敷設にともなう掘削には他の共有者全員の同意が必要なケースがあります。

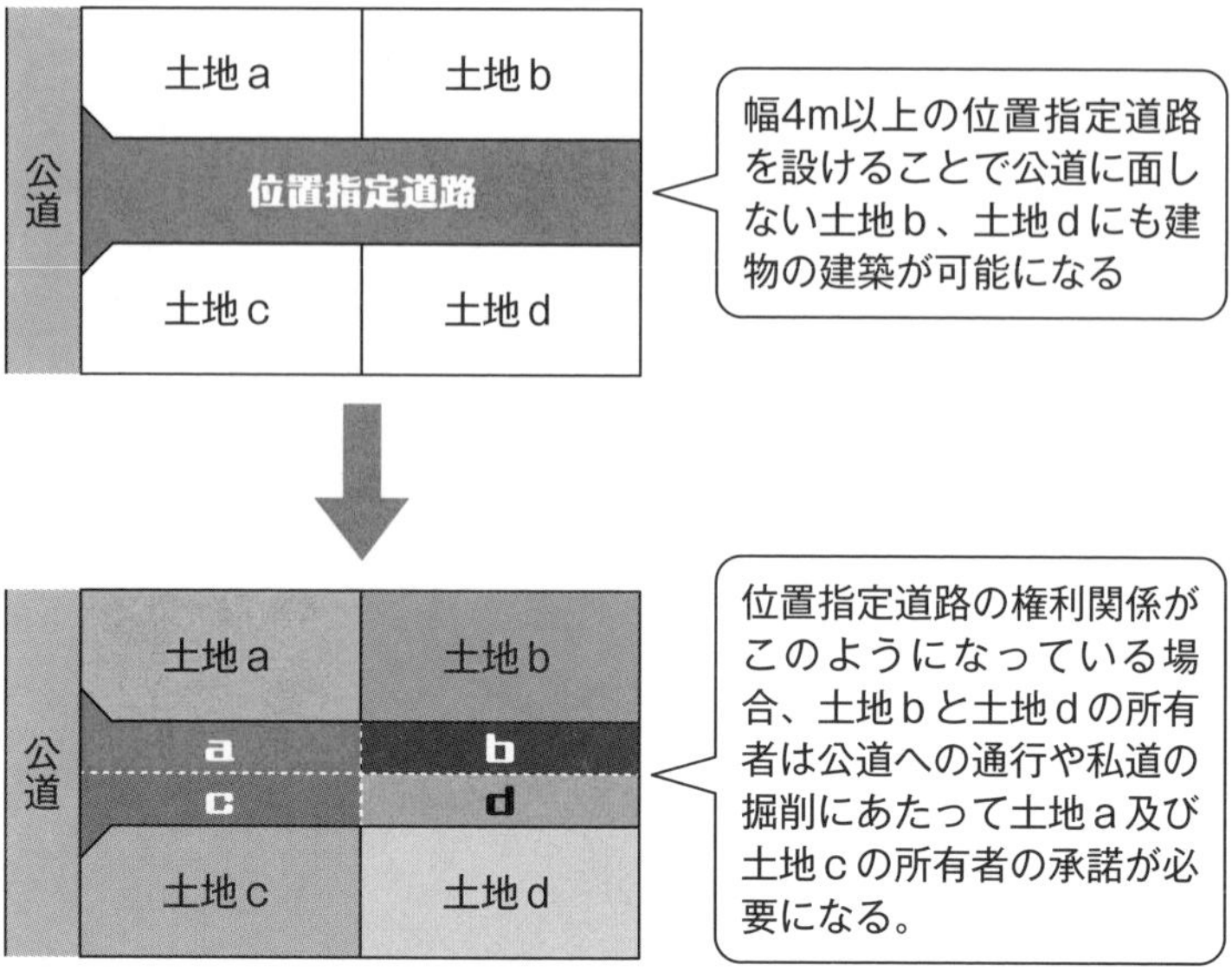

図表　位置指定道路を巡るトラブルの例

いずれにしても、公道との間が「位置指定道路」によって繋がっている土地は注意が必要です。

●さらにややこしいのが「袋《ふくろ》地《ぢ》」

「私道」に関連してさらにトラブルになりやすいのが「袋《ふくろ》地《ぢ》」です。

袋地とは、他の土地に囲まれて公道に出られない土地のことで「無道路地」とも言われます。袋地の周りを取り囲む土地は「囲《い》繞《にょう》地《ち》」といいます。

公道との間に位置指定道路（私道）があっても、その通行権等がない土地は実質的には袋地と似たような状況にあります。

私道といっても、公道と公道を結んでいる場合や、古くから不特定の人や車が自由に通行していたりする場合、道路交通法上の道路として

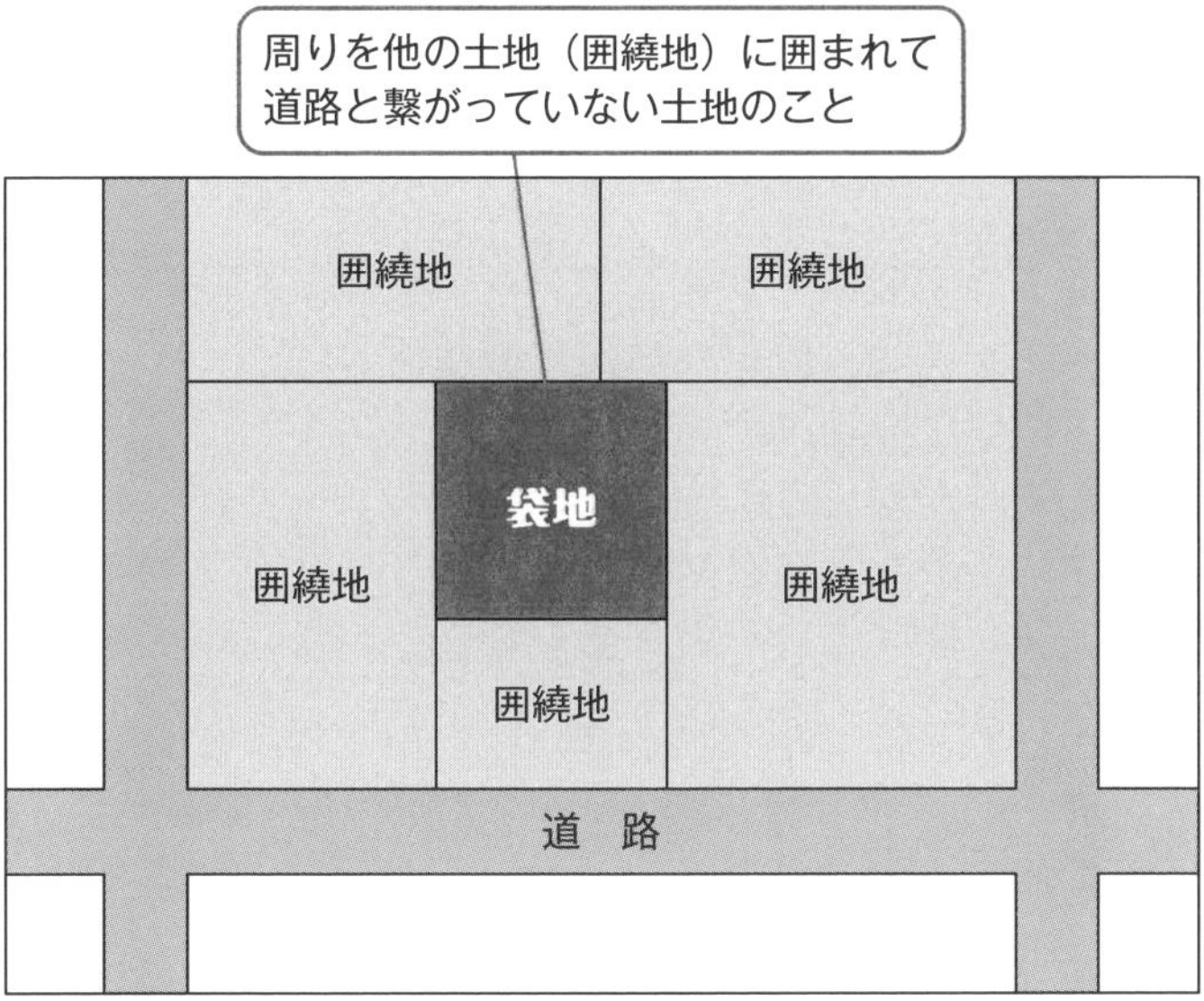

図表 袋地のイメージ

扱われ、所有者でも他人の通行を拒絶することはできません。

しかし、そうでない行き止まりの私道では、私道の所有者によって通行が禁じられたりすると、袋地の所有者や私道の利用権などを有しない者には大きな影響が及びます。まったく通行したりできないわけではありませんが、大変面倒なことになるのは間違いありません。

③ トラブルの解決策

● 話し合いで承諾書をもらったり通行地役権を設定する

袋地におけるトラブルの解決策としてまず考えられるのは、位置指定道路である私道の所有者と交渉し、一定の承諾料と引き換えに建て替え時の通行や上下水道、ガス管などの敷設のための掘削を認めてもらうことです。

承諾の内容は書面にまとめておくことも忘れてはなりません。この書面があれば、承諾を得た所有者が袋地を売却する際、買い手にもその承諾が引き継がれるので安心です。

さらに、可能であれば位置指定道路の部分（私道）の持分を他の所有者（共有者）から購入したり、あるいは位置指定道路の部分に通行地役権を設定し、所有権や通行地役権を登記すればより確実にトラブルを防ぐことができるでしょう。

とはいえ実際には、通行や掘削の承諾をもらおうとするとハンコ代といって何百万円といった法外な値段をふっかけてきたりする人もいます。そうなるとつい感情的になり、話がまとまらなくなります。

そこで専門の不動産会社に売却するのも一つの選択肢です。プロである不動産会社が入ることによって、金額的な面での話がしやすくなります。通行や掘削の承諾についてのハンコ代の相場は、エリアにもよりますが十数万円から数十万円程度のことが多いと思います。

● 最終的には囲繞地通行権を使う手も

袋地の所有者には民法上、周りを取り囲んでいる土地（囲繞地）を通って公道に出るための

- 他の土地に囲まれて公道に通じない土地の所有者は、公道に至るため、その土地を囲んでいる他の土地を通行することができる。
- 池や沼、河川、水路などを通らなければ公道に至ることができない時、又は崖があって土地と公道とに著しい高低差がある時も同様とする。
- 公道に至るため他の土地を通行する場合、通行の場所及び方法は通行権を有する者（袋地の所有者）のために必要であり、かつ他の土地（囲繞地）のために損害が最も少ないものを選ばなければならない。
- 通行権を有する者は、必要がある時は、通路を開設することができる。
- 通行権を有する者は、その通行する他の土地の損害に対して償金を支払わなければならない。
- 土地の分割によって袋地ができた時は、その袋地の所有者は分割された他の土地のみ通行することができ、その場合は償金を支払わなくて良い。

図表　民法の囲繞地通行権の主な内容

権利が認められています。これが「囲繞地通行権」と言われるもので、現在の民法では「公道に至るため、その土地を囲んでいる他の土地を通行することができる」と規定されています（民法２１０条～２１３条）。

その内容はおおむね図表「民法の囲繞地通行権の主な内容」の通りです。

図表 境界や袋地を巡るトラブルは感情的になりやすい

ただし、囲繞地通行権を使っての問題解決は、他の土地の所有者との関係を悪化させることもあるので、慎重に検討したほうがいいと思います。

改正民法でライフライン設置のための掘削も可能に

なお、袋地において公道から上下水道を引いたり、ガス管を敷設したりするため、私道を含む他の土地を掘削しなければならないことがあります。

この点、従来の民法では、通水権や下水道の排水設備の設置権・使用権は定められていましたが、ガスなどのライフラインのための他人の土地等の使用に関しては明文規定がなく、裁判によって対応せざるを得ませんでした。

しかし、令和3年の改正民法において、一定の要件のもと、隣地へのライフライン設備の設置や隣地所有者のライフライン設備の使用ができることが明示されました。

ただし、囲繞地通行権と同じくまずは囲繞地の所有者と話し合い、民法上の権利は最終的な手段として利用するのが良いと思います。

④ トラブルの予防策

● あらかじめ購入時に確認

位置指定道路など「私道」を巡るトラブルをあらかじめ避けるには、土地を取得する際にその土地の接道状況を確認することが不可欠です。例えば、現地を見て４ｍ幅の道路に土地が２ｍ以上接しているかどうか確認するだけでは安心できません。

前面道路が建築基準法上、どの道路に当たるのか、特に私道（位置指定道路）の場合はその権利関係がどうなっているのかまできちんと調べないといけません。

あるいは、前面道路と接している部分が２ｍあっても、「路地状敷地」「旗竿地」「敷地延長」などと呼ばれる形状の土地では、路地部分の幅が途中で２ｍを切っていることもありえます。

少しでも怪しいと思ったら土地家屋調査士など専門家にチェックしてもらったほうが安心です。

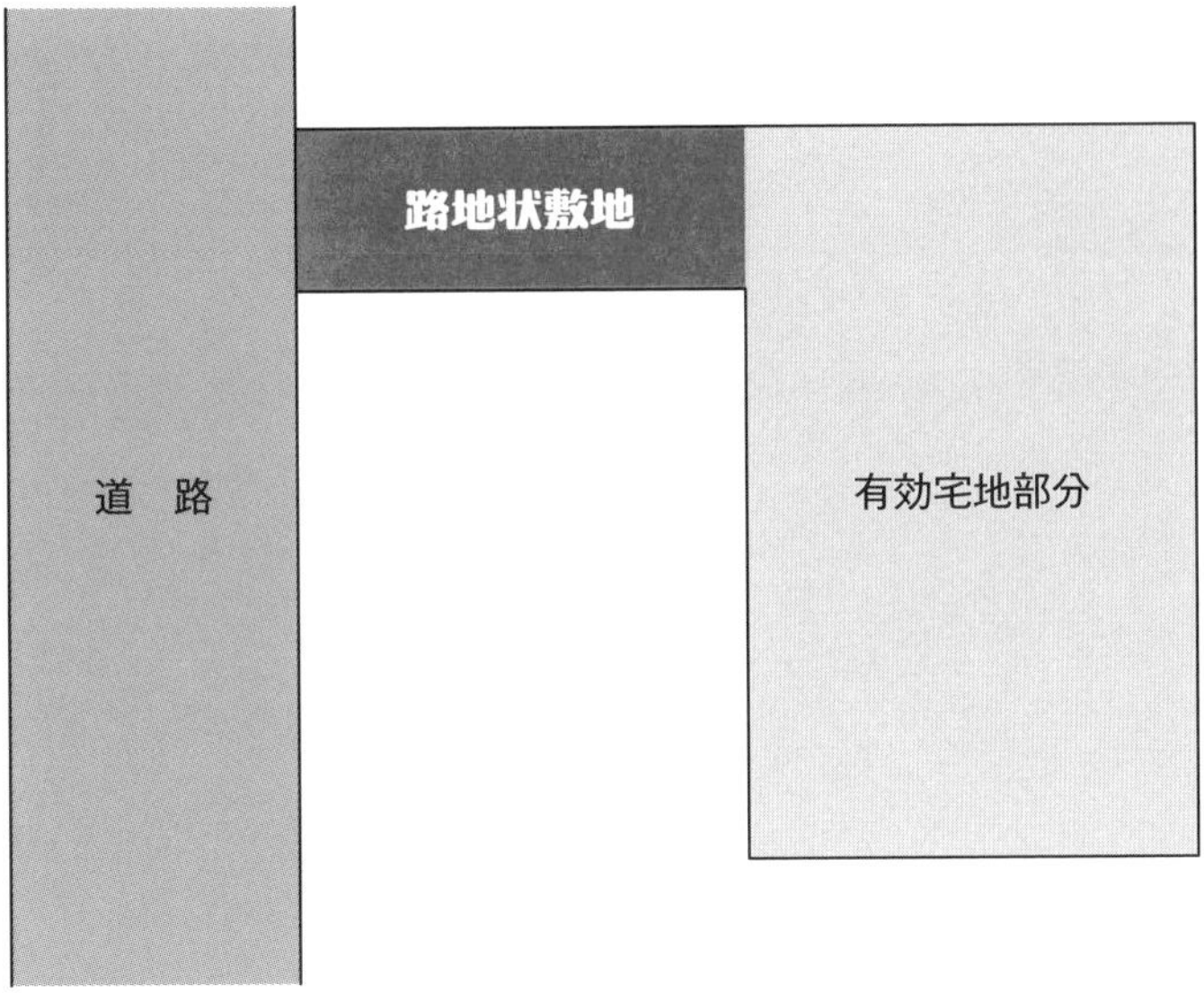

図表 路地状敷地のイメージ

チェック

・接道義務を満たしているかどうか確認する。

・位置指定道路に接していても利用するための権利がないこともある。

・住宅が位置指定道路上に面していたり、袋地にあったりする場合は、まずは、接道状況を確認する。

コラム 位置指定道路を巡る裁判事例

ある分譲団地の住民が30年以上、毎日車などで通行している位置指定道路があり、その道以外には車で公道に出ることができない状況でした。

この位置指定道路の土地の所有権を取得した人物が現れ、「通行に関する契約を締結しない車両等は通行を禁止する」というビラをまき、さらに車が通れないよう位置指定道路に簡易ゲートを設置するなどしました。

そこで住民たちが訴えた結果、最高裁で次のような判決が出されました。

「建築基準法42条1項5号の規定による位置の指定を受け現実に開設されている道路を通行することについて日常生活上不可欠の利益を有する者は、右道路の通行をその敷地の所有者によって妨害され、又は妨害されるおそれがあるときは、敷地所有者が右通行を受忍することによって通行者の通行利益を上回る著しい損害を被るなどの**特段の事情のない限り、敷地所有者に対して右妨害行為の排除及び将来の妨害行為の禁止を求める権利（人格権的権利）を有する。**」

これはかなり特殊なケースで、位置指定道路を利用する側の権利が「人格権的権利」という理屈で認められましたが、場合によってはこうしたトラブルに発展する可能性があるということは知っておきましょう。

CHAPTER

3

境界トラブル

相続した実家を売ろうしたら「売れない」と言われてビックリ（3）

訳あり不動産の風景3

隣との境界がはっきりしない上に協力してくれない！

高木さん
隣地との境界についてお聞きしたいです
妻が子どものいなかった叔母から自宅を相続しました
住むこともないな
そうね売却しましょう
仲介会社に相談したところ
売れないですね～
えっどうしてですか？
隣地との境界がはっきりしないので…

隣地の所有者に連絡して
境界を確定したいんですが…
と申し入れましたがなしのつぶてです
どうしたらいいんでしょうか？
隣地の境界がはっきりしない土地は売買の対象が確定できないので
個人はもとより不動産業者でも取引きを避けるのが普通なんです
こんなことがありました
境界が不明な土地
この土地欲しいなぁ

境界がはっきりしなければ
お隣さんだって土地を売ったり建物を建て替えたりする際に困るはず
交渉すればなんとかなるだろう
境界が不明な土地を購入
ところが隣地所有者がかなり変わった人で
境界はっきりさせませんか？お互い様ですよね
同意が得られず…
バタン
そのまま何年も塩漬けに…

土地家屋
調査士から
だ
家を建て替えたいから
境界確定のために
印鑑を押してください
・・・
あの隣の土地の
所有者だ！
ぐしゃ
いま頃になって
何なんだ！
ぐしゃ
ぐしゃ
向こうから
直接詫びを
入れてこない限り
絶対
承諾してやらない！
ポィ

個人同士ではどうしてもそういう感情的なもつれになりがちです
普通はハンコ代として数万円から数十万円程度払う
といえばまとまることが少なくありません
ただ、中には
お金の問題じゃない
という人もいて
そうなるとお互い我慢比べになってしまいます

そうした場合は私たちのような専門の不動産会社に売却する
というのも一つの手です
通常の売却価格より安くなりますが
この先何年、何十年も揉め続けるのは精神的によくないように思います
何十年も…
そう言われればそうかも
もう少し考えてみます

① トラブルのポイント

● 土地の境界はすぐには分からない

土地には境界があることは誰でも知っていると思います。

ただ、そもそも陸地は一繋がりです。そこに人為的に線を引いて国境や県境、あるいは個別の取り引き対象としての不動産を決めたりしています。

しかも、川など物理的な境界は別として、境は見た目ではすぐには分かりません。ブロック塀とか生垣で仕切っていたとしても、それが本当に境界なのかどうかはきちんと確認する必要があります。意外に見た目と違ったりしていることも多いのです。

「土地の境界はすぐには分からない」と考えておいたほうが、実際の不動産の取り引きでは賢明です。

● 境界不明では取引対象の面積が確定しない

そうしたことから不動産を売買する際には通常、**契約書に「境界の明示」**という項目が入ります。売買の対象となる土地の境界を明示することは契約上、売主の義務となっているのです。

土地の境界には通常、「境界識」という杭などの目印があります。

ところがこの境界識がないこともあり、そうなるとそもそも土地の面積が確定しません。新たに建物を建てるための設計において、法律上求められる隣地との距離をどこから測れば良いのか、また容積率や建ぺい率など建物の大きさについても判断がつきかねます。さらに、境界が不明のまま建物を建てた後、隣地所有者から所有権に基づく妨害排除請求や損害賠償請求などを受ける可能性もあります。
こうした土地は当然、買い手を見つけることは難しくなります。

●隣地所有者が非協力的なことも

本来、境界確定は隣地にとってもメリットがあります。隣地所有者が土地を売却しようとしたり、建物を建てたりしようとする際、境界が不明なことによって不利益を被るのは同じだからです。そのため、きちんと説明すれば理解してもらえるのが普通です。

しかし、そういう合理的な話が通じない相手もいるのです。境界確定は実際には土地家屋調査士や測量士に依頼しますが、そうした専門家から土地の境界確定するために立ち会ってくださいと連絡しても、「なんでそんなことしなきゃいけないんだ」とはなから拒否してくる人も

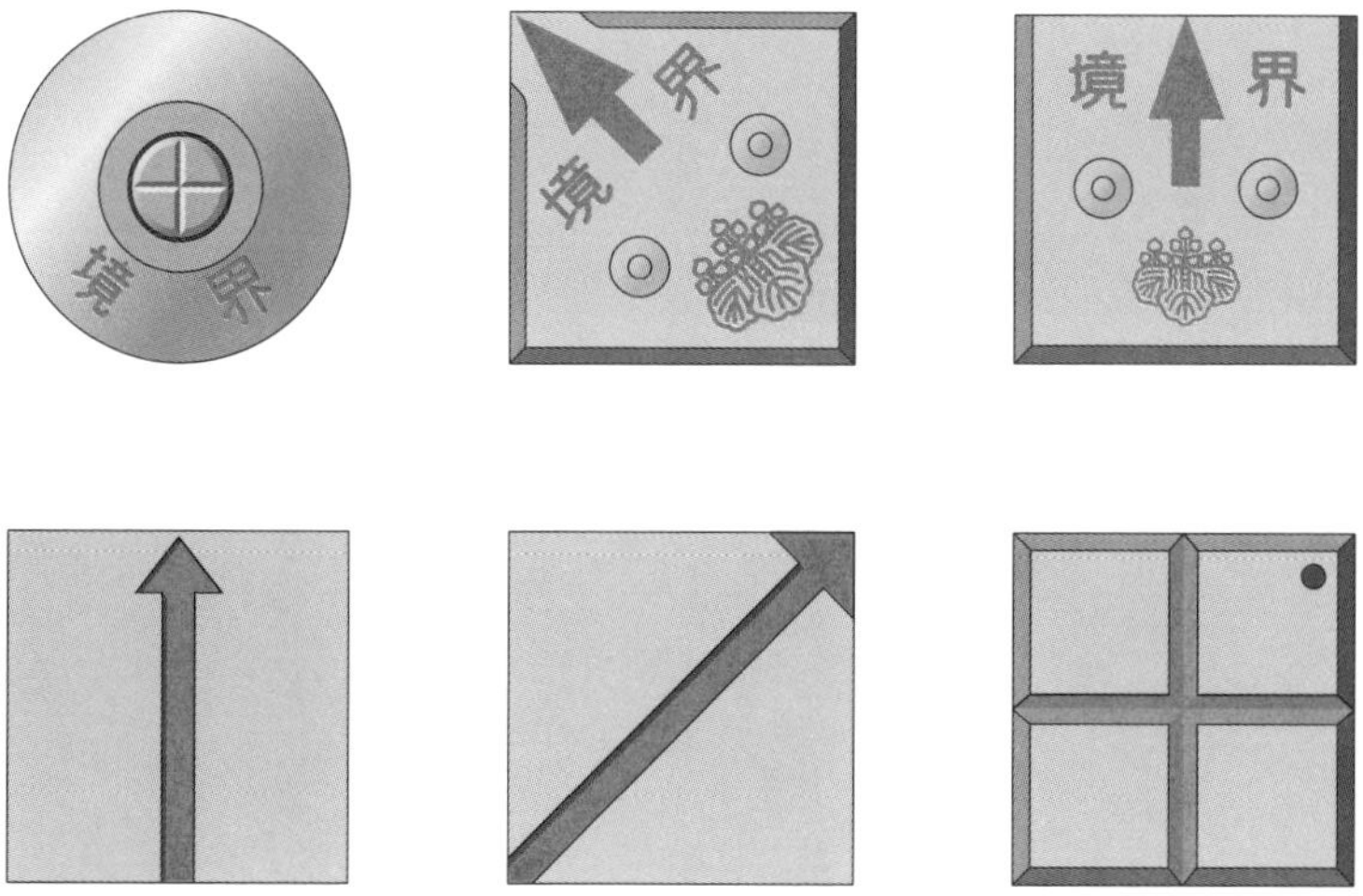

図表 境界識の例

います。

そうなると解決策を見つけるのは難しくならざるをえません。

土地の「境界」には二つの意味がある

そもそも土地の「境界」という場合、二つの意味があります。

一つは、公法上の土地（筆）の同一性を確定するための線で、「筆界《ひっかい》」といいます。もう一つは、所有権が及ぶ範囲を示す線のことで、「所有権界《しょゆうけんかい》」といいます。

「筆界」は登記簿（表題登記）において、一筆の土地とこれに隣接する他の土地との間の境、つまり地番と地番の境のことです。

「筆界」は法律によって定められたもので、隣接する土地の所有者同士の合意で勝手に変更することはできません。できるのは、一筆の土地を分筆して、新たな筆界を設けることです。

「所有権界」はこれに対し、当事者間の合意により変更できます。

とはいえ**通常、「筆界」と「所有権界」は一致しており、筆界を特定することにより境界紛争が解決されるケースは少なくありません。**

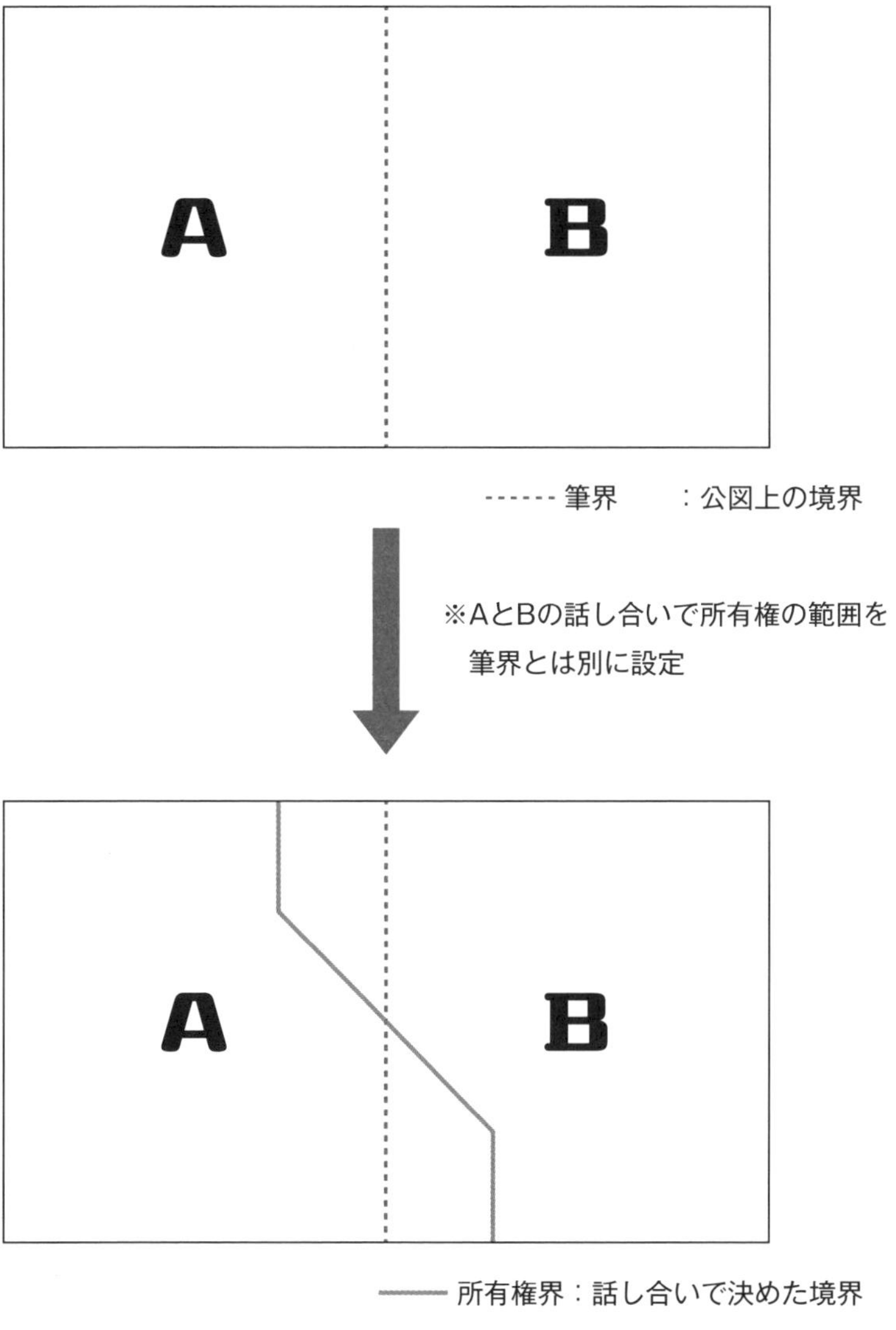

図表 「筆界」と「所有権境」の違い（イメージ）

② トラブルの原因

「境界標」がズレたり無くなったりしている

土地の境界には多くの場合、目印となる金属や石の杭などの「境界標」が設置されています。しかし、高木さんのケースでは登記簿上の境界（筆界）は当然、あるはずなのですが、現地においてその目印となる「境界標」が見当たらないのです。

境界標がなくなってしまう原因としては、次のようなものがあります。

・土砂崩れや河川の氾濫などによって移動したり無くなってしまう
・道路工事や電柱工事、ブロック塀の築造によってなくなってしまう
・盛土などによって直接確認できなくなる
・車などに踏まれて移動したり破損する
・境界標の頭部が破損し、矢印や十字印が分からなくなる

公図そのものが実は怪しい

境界が不明になる原因はそれだけではありません。

実は、そもそも登記所（法務局）に備え付けられている公図そのものが不正確なため、現地の状況と食い違っていたりするのです。実際にはこちらのケースのほうが多いのではないでしょうか。

なぜそんなことになるのか。実は、土地の位置や形状などを示す情報として登記所に備え付けられている地図や図面は、その半分ほどが明治時代の地租改正時につくられたものをベースにしています。そのため境界や形状などが現場とは異なっており、登記簿に記載された土地の

面積も正確ではないことが少なくありません。

明治初期の地租改正事業では地券台帳や土地台帳というものがつくられました。その際、本来は専門家による測量を行うべきところ、人手が不足していて多くの地域では測量の素人である地元の人たちに任せたと言われます。また、当時の測量の技術水準や測量器械の精度、測量方法などは現在に比べてかなり遅れており、それによる誤差もかなりあったのです。

さらに昔から「縄伸び」「縄縮み」と呼ばれるケースがありました。「縄伸び」とはもともと豊臣秀吉の太閤検地や江戸時代の検知の際、年貢の負担を軽減するため実際より長めに目盛りを付けた縄を使って地積を小さめに測量したことを指します。明治時代においても地租は地積が基準となるので、測量を任された地元の人たちが実測よりも少なく申告することがあったのです。さらに明治政府は地租改正事業を早く終わらせるため、測量結果について十分なチェックをしなかったといいます。

「縄縮み」は、小作地において地主が多少地租を多く納めても、小作料をそれ以上納めさせればいいということで公簿面積を広くしたり、市街地の土地を売買する際、実測面積よりも広く申告して売買代金を高くするために行われたのが原因です。ただし、「縄縮み」は「縄伸び」よりかなり少ないとされます。

●なかなか進まない「地籍調査」

こうした歴史的な背景もあり、国では昭和26年（1951年）から全国で順次、「地籍調査」という事業を行っています。

地籍調査とは、主に市町村が主体となって、一筆ごとの土地の所有者、地番、地目を調査し、境界の位置と面積を測量する調査です。調査で得られた正確な地図は「地籍図」として、登記所（法務局）に備え付けられます。

地籍図は、土地の境界トラブルの防止、公共事業やまちづくりの迅速化、災害時の復旧復興事業の円滑な実施、固定資産税の徴収適正化などに大きなメリットがあります。

ところが、事業開始から60年以上が経過したものの、「地籍調査」はなかなか進んでいません。

令和４年度（２０２２年度）末時点において、優先実施地域の進捗率は80％ですが、全国平均の進捗率は52％にとどまります。

また、地域間の差が大きく、北海道、東北、九州の各地方では調査が比較的進んでいますが、関東、中部、北陸、近畿では大幅に遅れている府県があります。

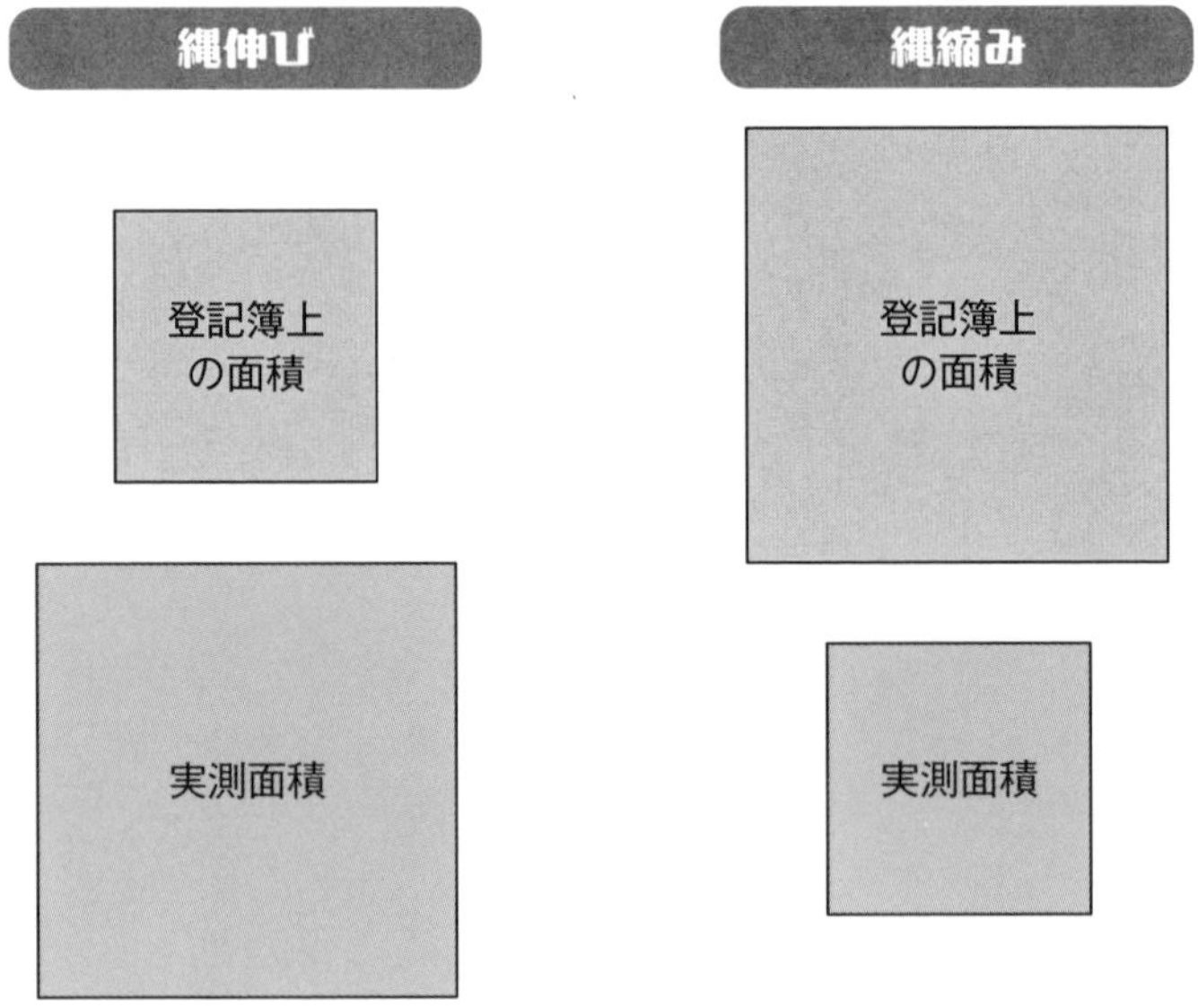

図表 「縄伸び」と「縄縮み」のイメージ

●「地籍図」と「地積測量図」の違い

なお、法務局にある土地に関する資料としては、地籍調査による「地籍図」の他、「地積測量図」があります。

「地積測量図」は、土地を分筆登記する場合や、新たに造成された土地を登記する場合など土地家屋調査士によって作成される図面で、一筆（又は数筆）の土地についての測量の結果（面積・求積方法など）が記載されています。

登記申請にあたっては、土地の所有者がこれを法務局に提出し、それぞれの土地の所在地を管轄する法務局が保管しています。

ただし、以前から分筆されないままの土地では地積測量図は作成されません。また、昭和30年代半ば（1960年頃）までは、地積測量図の作成が法律で義務づけられていなかったこと

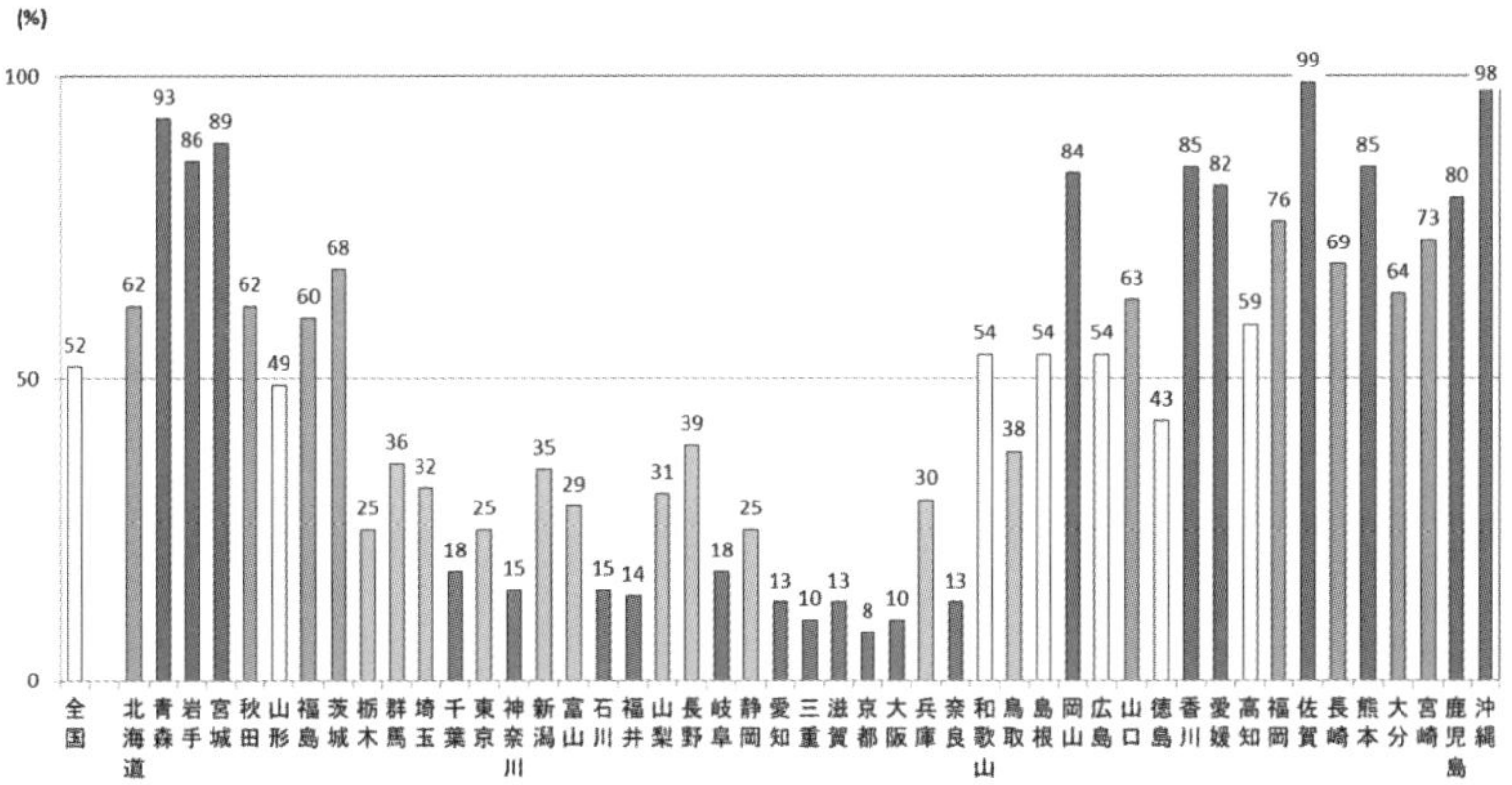

図表 「地籍調査」の地域ごとの実施状況
※国土交通省「地籍調査進捗率」（令和４年度末時点、令和５年６月調べ）

もあり、それ以前に分筆された土地には、地積測量図が存在しません。

　こうしたことから、すべての土地についてあるわけではありません。

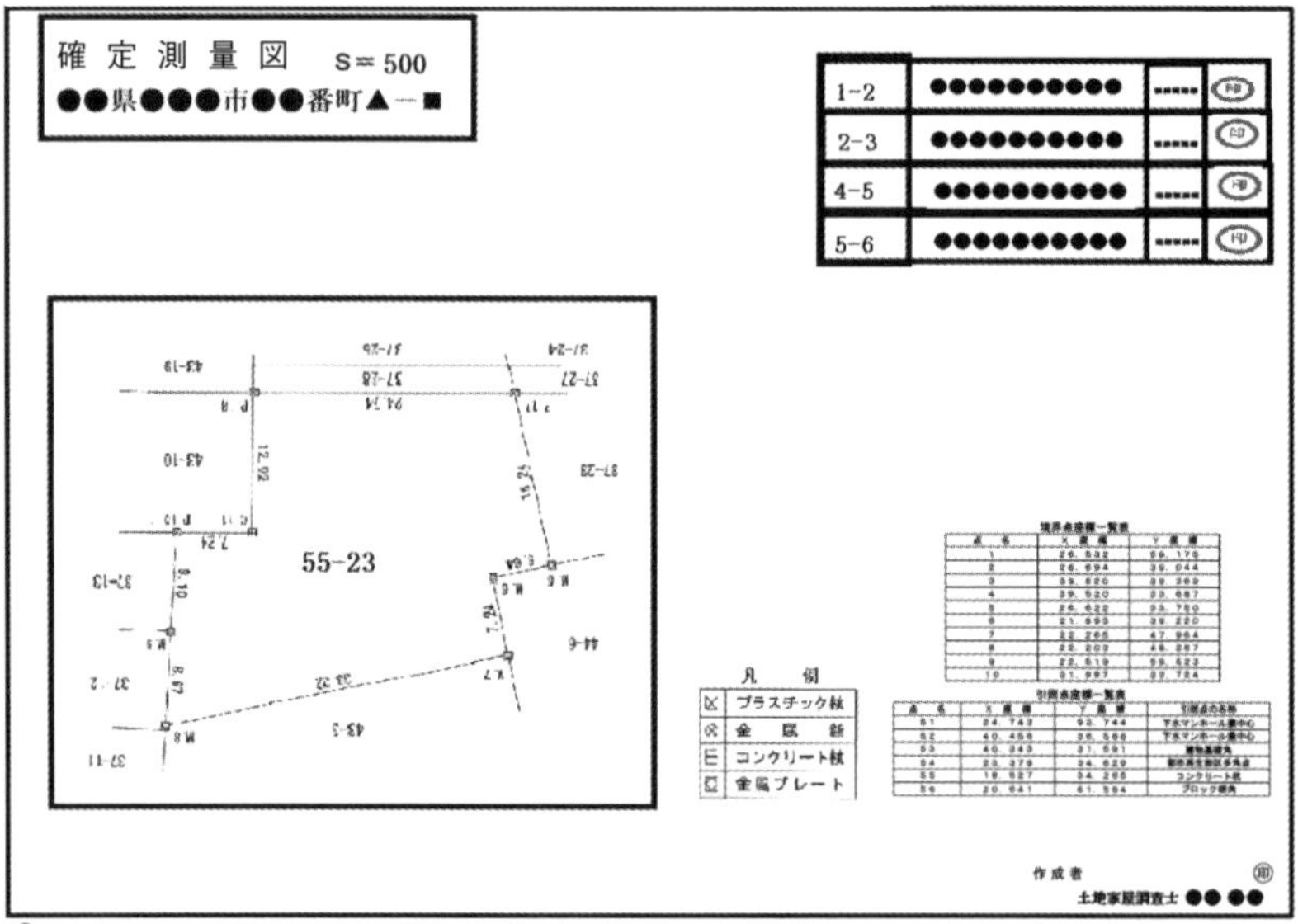

図表 確定測量図の例

③トラブルの解決策

●土地家屋調査士に依頼して「確定測量」を実施

土地を売る場合、売主として境界を明示することを求められます。

まず、法務局（登記所）に「地籍図」や「地積測量図」がないかを確認します。あれば、それをもとに実際の境界を明らかにすることができます。また、境界標がないかを確認するのも良いでしょう。地面を少し掘ってみると境界標が残っていることもあり、境界標さえ見つかればまず大丈夫です。

もし、「地積測量図」がなく、現地で境界標も見つからないようなら、現地にて隣地所有者と立ち合いの上、「ここを境界とする」という合意をします。

境界が決まったら土地家屋調査士に依頼して「確定測量」を行い、「確定測量図」を作成します。また、境界とした地点には境界識を設置してもらうと安心です。

なお、境界確定のため立ち合いを依頼したものの隣地所有者が渋るようであれば、いくばくかのハンコ代を渡したりすることもあります。境界確定は相手にとっても将来、土地を売却したり建物を建てたりする際には必要になることですから、私たちの経験上も普通は応じてもらえます。

●相手との関係がこじれていたり話が通じない場合は？

ただし、これまで何らかのトラブルがあって相手との関係がこじれていたり、話が通じないような相手であることもないわけではありません。

そうした場合、まず検討したいのが相手の土地に入り、境界標の調査や境界に関する測量を行うことです。改正民法では、境界標の調査や境界に関する測量のため、隣地に立ち入ることができるとする規定が導入されました。これによって、土地家屋調査士による調査がしやすくなると言われています。

※参考

民法第209条

（隣地の使用）

第209条　土地の所有者は、次に掲げる目的のため必要な範囲内で、隣地を使用することができる。ただし、住家については、その居住者の承諾がなければ、立ち入ることはできない。

一　境界又はその付近における障壁、建物その他の工作物の築造、収去又は修繕

二　境界標の調査又は境界に関する測量

三　第233条第3項の規定による枝の切取り

2　前項の場合には、使用の日時、場所及び方法は、隣地の所有者及び隣地を現に使用している者（以下この条において「隣地使用者」という。）のために損害が最も少ないものを選ばなければならない。

3　第1項の規定により隣地を使用する者は、あらかじめ、その目的、日時、場所及び方法を隣地の所有者及び隣地使用者に通知しなければならない。ただし、あらかじめ通知することが困難なときは、使用を開始した後、遅滞なく、通知することをもって足りる。

4　第1項の場合において、隣地の所有者又は

隣地使用者が損害を受けたときは、その償金を請求することができる。

●隣地所有者と話がまとまらない場合

こうした方法を用いて、専門家が測量を行い「ここが境界だ」という測量図はつくれます。ただ、相手が同意しない限り確定測量にはならず、そうするとほとんどの不動産会社は仲介を引き受けませんし、買い取りもしないでしょう。

その場合、いくつかの選択肢が考えられます。

一つは、**隣地所有者が主張する境界を受け入れ、確定測量として登記してしまうことです。**

私たちが扱った案件でも、境界上にあるブロック塀がどちらの所有か分からない土地に建物を建てるケースで、ブロック塀を隣地の敷地に含めた確定測量図を作成して添付したところ、建築確認申請が通りました。

●「筆界特定制度」の利用

もう一つは、「筆界特定制度」の利用です。これは平成17年（２００５年）に不動産登記法が改正され導入された制度です。

具体的には、**土地の所有者として登記されている人などの申請に基づいて、筆界特定登記官が外部の専門家である筆界調査委員の意見を踏まえ、現地における土地の筆界の位置を特定するものです。**

この制度のポイントは、新たに筆界を決めるのではなく、実地調査や測量を含む様々な調査を行った上で、もともとあった筆界を明らかにしようという点にあります。

この筆界特定制度を活用することによって公的な判断として筆界を明らかにでき、通常は筆界と所有権境は一致していますから、隣人同士で裁判をしなくても筆界を巡る問題の解決を図ることができます。

ただし、筆界特定はあくまで本来そこにあった筆界を明らかにするものであり、土地の所有権境を特定するものではありません。そのため、後から裁判（境界確定訴訟）を起こされ、別の位置に筆界が決まることもありえます。

とはいえ、筆界特定がされた後に境界確定訴訟が提起された場合、筆界特定の結果が考慮されるので、異なる結果になることはかなり少ないようです。

●「境界確定訴訟」又は「所有権確認訴訟」は最後の手段

どうしても隣地所有者の協力が得られない場合や、筆界特定制度を利用して筆界を特定しても同意が得られない場合は、**「境界確定訴訟」や「所有権確認訴訟」**という裁判を起こすことになります。

「境界確定訴訟」で争われるのは実は「筆界」ですが、以前から「境界確定の訴え」と呼ばれていたので、実務上「境界」という言葉が使われています。

この裁判は、当事者の主張に拘束されず、裁判所が独自に境界（筆界）を確定させることができます。そのため、訴えを起こした者にとって不利な境界になることもありえます。

また、「境界確定訴訟」において、裁判上の和解で事件を終了させることはできません。確定させようとしている境界はあくまで「筆界（公法上の境界）」なので、当事者間の合意で決めることはできないからです。

そして、境界確定訴訟は判決が出るまでに数年はかかります。費用も土地の鑑定費用、実地検証費用、弁護士費用などかなりの金額になります。土地の所有者にとっては、必ずしも使い勝手の良い制度とは言えません。

さらにいえば、最終的な判断を下すのが、必ずしも土地の境界について専門的な知識を有しているわけではない裁判官という点も問題とされてきました。そこで、新たな制度として「筆界特定制度」ができたという経緯があります。

一方、「所有権確認訴訟」は筆界を争うのではなく「所有権境」について争うもので、和解や訴訟の取り下げも可能です。

ただ、「所有権確認訴訟」で争えるのは「所有権境」のみで、勝訴したとしても登記上、これを反映させる（相手の土地の一部が自分の土地であることを登記する）ことが難しいという問題があります。

なぜなら、「筆界」は当事者同士で変更することはできず、相手方の土地の一部を分筆して

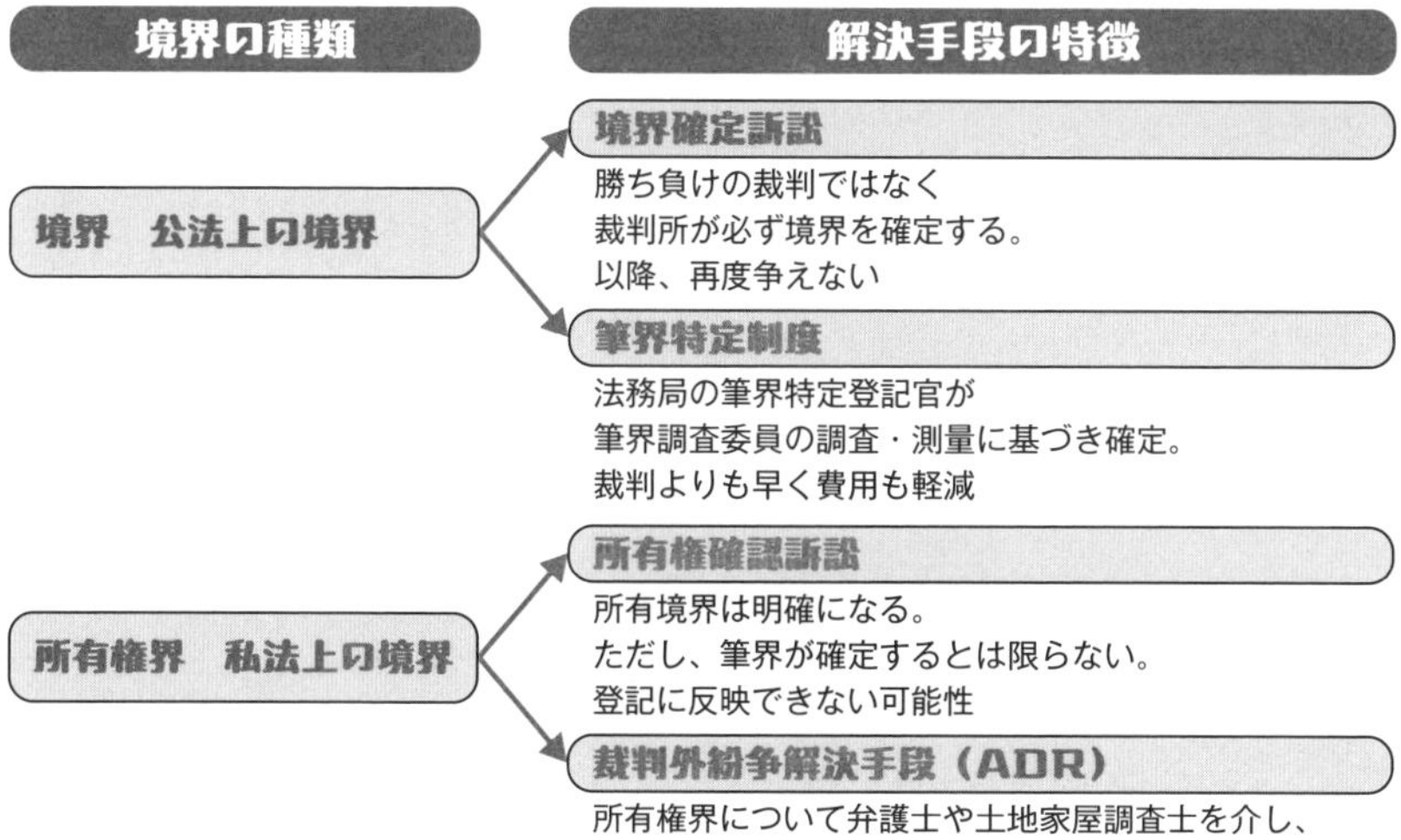

図表　「境界」と「所有権境」の確定の方法

※楽待「不動産投資新聞」https://www.rakumachi.jp/news/column/222837

所有権移転登記を行う必要があります。しかし、裁判で争った相手が分筆登記に協力してくれる可能性はほとんどありません。改めて「境界確定訴訟」で筆界の位置を確定させることになります。

そのため、境界確定訴訟と所有権確認訴訟を併合して提起したり、訴訟の途中で境界確定訴訟から所有権確認訴訟に変更したり、その逆のケースもあります。

細かい話をいろいろしましたが、境界が不明で隣地所有者と揉めると、どれだけ手間と費用と時間がかかるか、お分かりいただけたのではないでしょうか。

④トラブルの予防策

●事前のチェックと早めの対応が鍵

自分が新しく土地などを買うのであればあらかじめ境界をチェックするはずです。しかし、親が買ったり建てたりした家についてはつい「大丈夫だろう」と思ってしまうでしょう。

それが相続してみてはじめて、「実は境界がはっきりしない」ということに気づいて慌てることになります。

対策としては事前に問題を把握し、場合に応じて手を打っておくしかありません。実家の登記簿を調べ、「地籍図」や「地積測量図」があるかどうか確認するのが第一歩です。不動産登記簿の閲覧は誰でもでき、いちいち親に知らせる必要もありません。そして、調べた不動産の登記情報はデータ化しておくと良いでしょう。

●越境物の問題

なお、隣との関係悪化を避けるのも大事な予防策であり、それに関連するのが越境物の扱いです。

こちらから越境があった場合、すぐ是正できるものは是正しておくと良いでしょう。例えば木の枝が越境しているなら切っておきます。建物の軒など造作物が越境している場合は、次に建て直す時に直すという覚書を交わしておくと良いでしょう。

相手方が越境している場合も同じです。覚書の作成は司法書士などに依頼すれば簡単です。

チェック

・公図そのものが不正確なこともよくある。
・境界の位置と面積を測量する地籍調査が行われて60年以上経つものの、全国平均の進捗率は未だに約52％。
・土地を売る場合、まず法務局に「地籍図」か「地積測量図」があるかどうか、確認する。
・さらに、地面を掘るなどして、境界標がないか、調べる。
・親が買ったり建てたりした家でも、「地籍図」や「地積測量図」があるかどうか確認する。

CHAPTER

4

ペアローン

夫婦で力を合わせ新築マンションを買ったのに、自分だけ追い出されてしまってどうしたらいい？

訳あり不動産の風景4

妻とその母親が住み続けていて売却を拒否

実は今度
離婚することに
なったんですが
伊藤さん
自宅のマンションから
追い出されて
しまって…
どうしたら
いいんで
しょうか?
えっ
どういうこと
ですか?
ある日 家に帰ったら…
あれ?
ガチ
鍵が入らない
うちの鍵だよな
おかしいな
ガチ
ガチ
ガチ
ガチ

鍵…
交換されてる…？
あ、もしもし
鍵が
あなたの物は全部運び出してトランクルームに預けましたから
え――――っ！
信じられませんよ…
はぁ～
…
ご自宅のマンションはどのように買われたのですか？

マンションは
私
妻
妻の母
の共有に
なっています
夫婦共働きで
お互い年収も
そこそこあったので
結婚してすぐ
都心の新築マンションを
買いました
せっかく買うなら
上層階の
眺めのいい部屋を
ということで
1億円以上しました
不動産会社の
営業に勧められて
ペアローンを組みました
ローンを含めた
資金は
私が3割で妻が7割
妻の方は母親にも
資金を出して
もらいました

でもこんなことになるなら
無理して買わなきゃよかった…
離婚されるならマンションを売却されればいいのではないですか？
そうなんですけど
いつの間にか妻の母親が一緒に住むようになって
売却するのは嫌だっていうんです
なるほど
自分が住んでもないマンションのローンを払い続けるなんて
我慢ができません

なんなら丸岡さんのところで
僕の持分を買い取ってもらえませんか…?
分かりました
検討させてください
こうして私たちは伊藤さんの持分を買い取り
マンションに住んでいる元奥さんとそのお母さんと交渉を始めることになりました

①トラブルのポイント

●「他人の借金の保証人にはなるな」の教え

昔からお金についての教えでよく言われるのが**「他人の借金の保証人にはなるな」**ということです。親戚や知人の借金の保証人になったばかりに、破産や一家離散に追い込まれたケースはたくさんあります。

いまでももちろん、友だちから「ローンの保証人になってほしい」と頼まれたらほとんどの人は断るでしょう。

しかし、他人ではなく「身内」ならどうでしょう。事情にもよりますが、親子や兄弟姉妹の間でなら相手の借金の保証人になるということはありえるかもしれません。

さらに夫婦間となるとどうでしょうか。実は、夫婦が相手の借金の保証人になるケースは少なくありません。**具体的にはマイホームを買ったり建てたりする時、「収入合算」とか「ペアローン」といった形でよく見かけるのです。**

夫婦はもとはといえば赤の他人同士ですが、いろいろな縁から結婚し、一緒に家庭を築いていくという点では一心同体、お互いが相手の保証人になるのも頷けます。しかし、すべての夫婦がずっと一緒に添い遂げるというわけではありません。何らかのきっかけで離婚となれば他人同士に戻るのです。

その時、保証人としての関係も清算できればいいのですが、ほとんどのケースではそうはなりません。

●離婚でのマイホーム売却は揉めることが多い

結婚を機にマイホームを購入する人は少なくありません。また、近年マンション価格が大幅

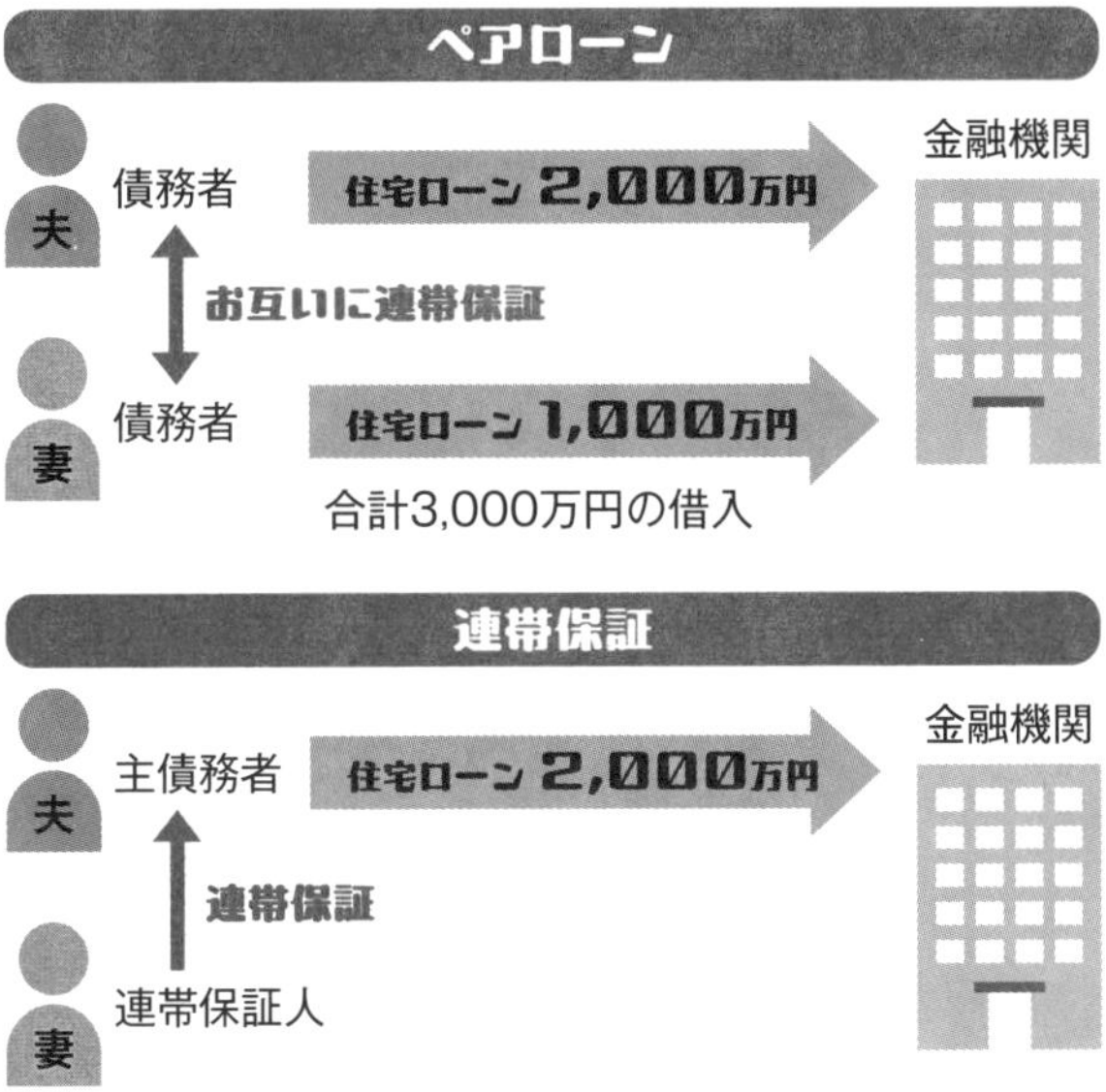

図表 ペアローンと連帯保証のイメージ

に上昇する中、ペアローンを使って購入するケースも増えています。

ペアローンとは夫婦がそれぞれ住宅ローンを借り、マイホームは共有、住宅ローンについてはお互いが連帯保証人になるものです。

そのまま結婚生活が順調に行けば「めでたし、めでたし」ですが、いざ離婚となると難しい問題が出てきます。

離婚にともなう財産分与は基本的に、婚姻生活の間に築いた財産を等分に分けることになっており、ペアローンで買ったマイホームもその対象です。最もシンプルなのはマイホームを売却し、その代金を分けることです。しかし、ペアローンで買ったマイホームは夫婦の共有になっているはずですし、伊藤さんのようにさらにそこに夫婦以外の人（伊藤さんの場合は奥さんの母親）が入ってくると面倒なことになります。

共有物の売却（処分）にあたっては、共有者全員の同意が必要なため、共有者のうち一人でも反対すると売却はできません。また、売却するとしても、代金の分け方をどうするか揉めがちです。

●マンション価格の高騰でペアローン利用者が増加

新築マンションを分譲したり中古マンションの仲介を手掛ける不動産会社ではよく、「いまみなさんペアローンでお買いになっています」と言います。

その背景にあるのはマンション価格の高騰です。不動産経済研究所のデータによると、２０２３年度（２０２３年1月～２０２３年12月）の首都圏新築マンションの平均価格は5年連続で上昇し、８１０１万円（前年比28・８%アップ）でした。特に都心での高額物件が増えており、２０２３年度の東京23区の新築マンションの平均価格はなんと1億１４８３万円（前年比39・4%アップ）に達します。こうした高額マンションの購入者として注目されているのが夫婦とも上場企業などに勤務するパワーカップルです。大手不動産会社によれば、世帯年収が２０００万円前後のパワーカップルが都心エリアのタワーマンションを1億５０００万円前後で検討するケースが多いそうです。

いまやペアローンでマイホームを買うケースは全国では5組に1組くらいではないかと言われますが、東京であれば3組に1組ぐらいになるのではないでしょうか。

ただ、ペアローンでマイホームを購入することにはいくつかリスクがあることは認識しておくべきだと思います。

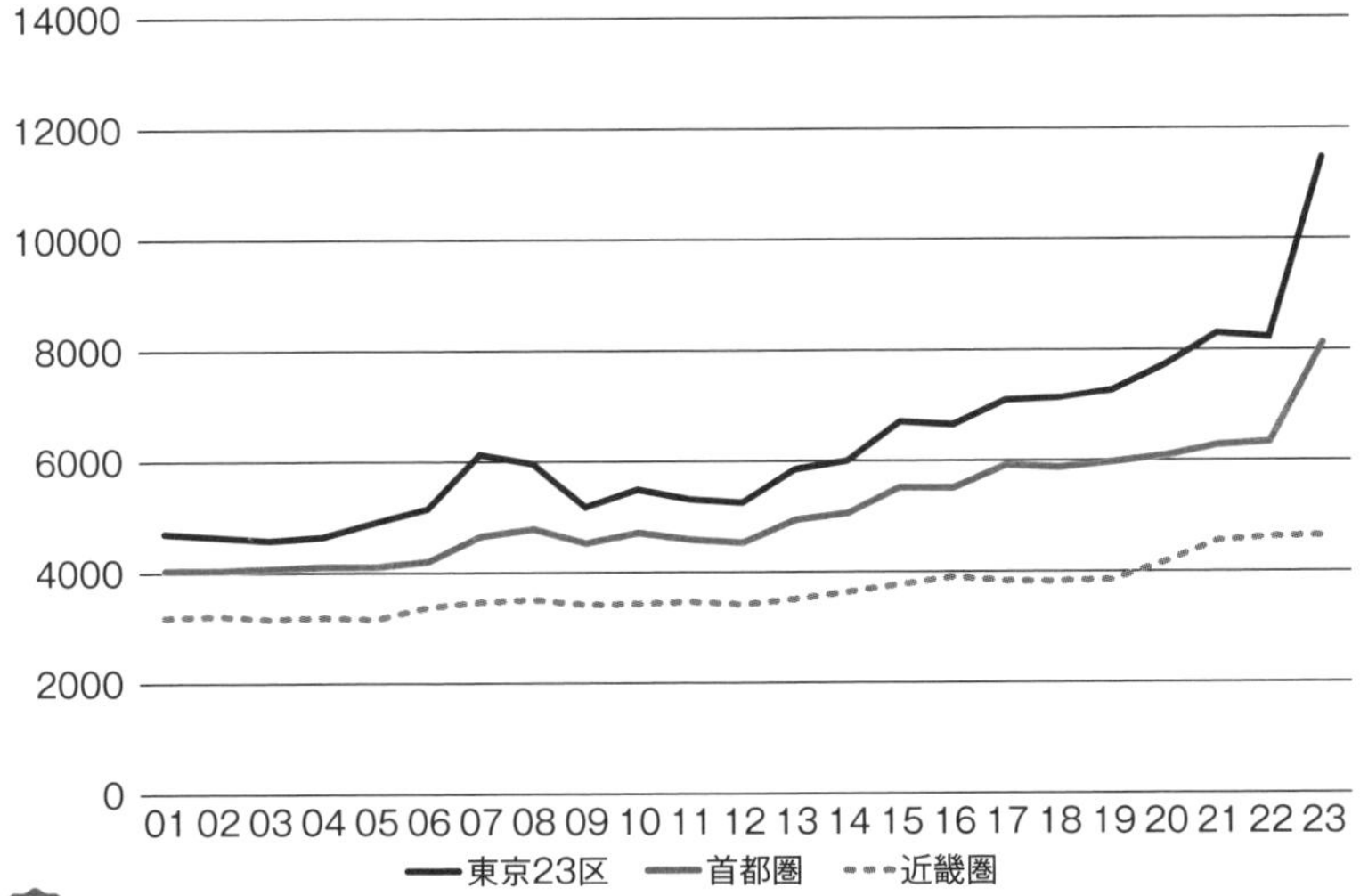

図表 マンション平均価格推移（2001～2022年）

参考・不動産経済研究所「マンション・建売市場動向」

	男性（件数）	女性（件数）
1位	性格が合わない（9,127）	性格が合わない（16,151）
2位	精神的に虐待する（3,234）	生活費を渡さない（12,166）
3位	その他（3,223）	精神的に虐待する（10,975）
4位	家族親族と折り合いが悪い（1,849）	暴力を振るう（7,861）
5位	異性関係（1,779）	異性関係（5,655）
6位	浪費する（1,723）	その他（4,812）
7位	性的不調和（1,669）	浪費する（3,531）
8位	暴力を振るう（1,353）	性的不調和（2,733）
9位	同居に応じない（1,324）	家庭を捨てて省みない（2,585）
10位	生活費を渡さない（771）	酒を飲み過ぎる（2,383）

図表 **離婚の原因（申立ての動機）ランキング** 「令和４年度司法統計年報」（最高裁判所）をもとに作成

② トラブルの原因

●離婚は一定数、どうしても起こる

そもそも離婚しなければこうしたトラブルにはなりません。日本人の離婚率は欧米に比べれば低いものの、それでも以前に比べれば高くなっています。**例えば統計上、令和4年（2022年）に結婚した夫婦は約59万組なのに対し、離婚した夫婦は約18万組です。**この数字は単純に1年間の結婚数と離婚数であり、結婚した夫婦の3割弱が離婚するというわけではありません。

とはいえ、年間約8万組のカップルが離婚しているのは事実です。ちなみに、司法統計（令和4年度）による離婚原因のランキングでは、性格の不一致が圧倒的に多くなっています。結婚する前になぜ分からなかったのかという気がしないでもないですが、そこは人間関係の難しさ、奥深さなのかもしれません。

●お互いの連帯保証人になるというリスク

結婚する時に将来、離婚する可能性を意識する人はほとんどいないでしょう。ただし、伊藤さんのケースで気になるのは、安易にペアローンを利用していることです。

ペアローンを利用すると当然、資金力がアップし、タワーマンションなど好立地で人気の高額物件でも買えるようになります。

しかし、それがリスクになるのです。**一つは、ペアローンは夫婦それぞれがそれぞれの年収をベースにめいっぱい借りるケースがほとんどです。**しかも、お互いに相手の連帯保証人になっているので、返済中にいずれかが働けなくなったり、職を失ったりした場合、夫婦のどちらか

図表 離婚しても連帯保証は無くならない

が相手の分も返済しなければならなくなり、返済できないリスクが高まります。

ここで連帯保証人と保証人の違いを確認しておきましょう。どちらもお金を借りた人（主債務者）が返済できなくなった時、代わりに返済する責任を持つ点が共通します。そのため、連帯保証人も保証人もお金を貸す側（債権者）にとっては担保としての役割があります（人的担保）。

一方、**連帯保証人と保証人には、責任の重さの点で大きな違いがあります。**連帯保証人はお金を借りた人（主債務者）とほぼ同じ責任があるのに対し、保証人はお金を借りた人（債務者）が返済できなかった時にだけ責任を負います。

例えば、債権者が「お金を返せ」と言ってきた時、保証人は「まず主債務者に請求してくれ」といって拒否できます。また「主債務者にはこんな資産があるからそちらからまず返済してもらってくれ」ということもできます。

ところが連帯保証人になるとこうした反論が一切できません。債権者が「債務者の代わりにお金を返してくれ」といってきたらそれを受け入れるしかありません。つまり、債権者は債務者と連帯保証人、どちらでも好きなほうに返済を請求できるのです。

夫婦仲良く暮らしているうちは「あなたの借金は私の借金、私の借金はあなたの借金」という関係もいいでしょうが、いざ離婚するとなるとこれは極めて問題です。

住宅ローンを貸した金融機関は、離婚するからという理由だけで連帯保証契約を解除してくれることはありません。自分の住宅ローンを全額、返済したとしても、相手の住宅ローンの連帯保証人から抜けることはできないのです。相手がもし住宅ローンを返済できなくなった時のために連帯保証人になってもらっているのですから当然です。

繰り返しになりますが、夫婦仲が良い時は「一緒に頑張ろう」と思えるペアローンも、離婚するとなると、とんでもない重荷になることはよく理解しておきましょう。

●金利上昇によるリスク

ペアローンにおけるもう一つのリスクは、少ない自己資金で多額の住宅ローンを借り入れるケースが多いことです。

パワーカップルは普段の生活レベルも高いため出費が多く、意外に自己資金が少ない傾向があります。**それでも年収が高いので住宅ローンは借りやすく、購入価格に対する住宅ローンの**

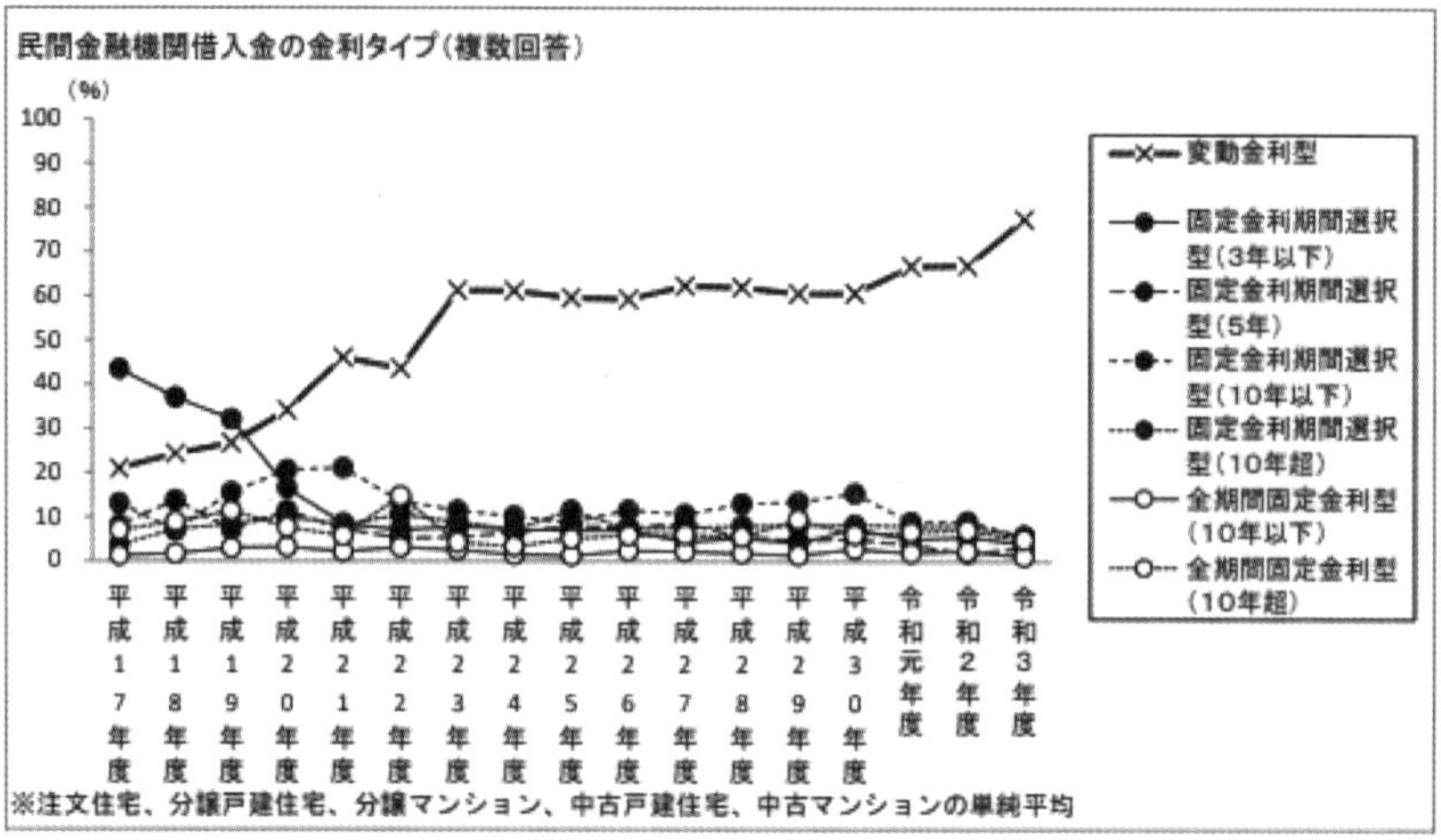

図表 民間金融機関の借入金の金利タイプ
※国土交通省「令和３年度住宅市場動向調査報告書」（令和４年３月）

占める割合が高くなります。そのため、結果的にオーバーローンになりやすいのです。

オーバーローンとは、住宅ローンを借りて買ったマイホームの市場価格が購入時よりも下がってしまい、売却しても住宅ローンが残ってしまう状態になっていることです。オーバーローンの状態で売却するなら、差額分を自己資金で補填する必要があります。それが無理なら、オーバーローンの状態が解消するまで住宅ローンの返済を続けるしかありません。

少ない自己資金で多額の住宅ローンを借りているリスクは他にもあります。離婚といったことにならないとしても、もし今後、ローン金利が上がったらどうなるのでしょうか。住宅ローンには固定金利型と変動金利型があり、近年は多くの人が金利のより低い変動金利型を使っています。

しかし、変動金利型の住宅ローンは年2回、適用金利が見直され、金利上昇局面になると利子の負担が増えます。

多くの場合、適用金利が上がって利子の負担が増えても、毎月の返済額は5年間は変わりません。また、5年ごとの返済額の見直しも、それまでより25%アップが上限になります。

とはいえ、**これらはすべて元金の返済が遅れることに繋がり、ローン残高がなかなか減らなかったり、金利が急上昇した場合はローン残高が増えてしまう可能性もあるのです。**

③トラブルの解決策

● マイホームの売却をまず検討

伊藤さんのケースに話を戻すと、本来は離婚を機にペアローンで買ったタワーマンションを売却し、売却代金を分けるというのが解決策としては最もシンプルです。 離婚する者同士がお互いの連帯保証人になっているという由々しき関係も清算できます。

しかし、相手側が応じない時はどうすればいいのでしょうか。一つは、マイホームは売却しないものの、自分の持分を相手側に買いとってもらうことです。**買い取り価格は交渉次第ですが、少なくとも伊藤さんの住宅ローンの残高以上が条件になります。** また、**その際には伊藤さんの奥さん側の金融機関に対し、伊藤さんの連帯保証契約を外してもらうことも不可欠です。** 金融機関としては、他の担保や保証人を要求すると思われます。伊藤さんのお母さんが所有する不動産を担保に入れたり、伊藤さんの奥さんのお母さんが連帯保証人になったりする対応が必要になるかもしれません。

しかし、これはかなりハードルが高いでしょう。

● 相手が同意しなければ「共有物分割請求訴訟」

そこで次に考えられるのが、**「共有物分割請求訴訟」**を起こすことです。

「共有物分割請求訴訟」は、共有物を分割する方法のうち、裁判所を通じて共有状態の解消を行うものです。通常の訴訟のように当事者間の争いにシロクロつけるというより、裁判所の合理的な裁定を仰ぐところに特色があります。

改正民法においては、裁判で共有物分割ができる場合として、「共有者間に協議が調わないとき」だけでなく、「協議をすることができないとき」が条文で追加されています（258条1項）。

これは、分割協議をした上で話がまとまらなかった場合だけでなく、協議に応じない共有者がいる場合も要件を満たす点を条文上明らかにしたものです。

また、共有物分割の方法としては、次の三つの方法が規定されました。

①現物分割
②賠償分割
③換価分割

このうち、①の現物分割は土地であれば可能性がありますが、マンションは基本的に無理です。②の賠償分割は、共有者のうち一人が他の共有者からその共有持分を購入するというもので、裁判上で行われる場合は「全面的価格賠償」と呼ばれます。

③の換価分割は、共有者が各共有持分を同一の買主に売却し、売却代金（換価代金）を持分に応じて分割する方法です。また、実際には市場における任意売却と競売があり、通常は市場における任意売却のほうが売却代金において有利です。

以上を踏まえると、伊藤さんとしては「共有物分割請求訴訟」に持ち込むことを前提に奥さん側と交渉し、市場における任意売却の合意を取り付けるというのが理想といえるでしょう。

なお、そうした手続きが面倒な場合は、私たちのような買取専門の不動産会社に売却されるというのも選択肢です。

	現物分割	賠償分割	換価分割
概要	共有物をそのままの形で物理的に分割する方法。	共有物を共有者のうちの１人が取得し、他の共有者には持分相当の金銭（代償金）を支払う方法。	共有物を売却した後、その代金を共有持分に応じて分ける方法。
メリット	・最もわかりやすい。 ・手続の手間暇が比較的少ない。	・金銭により持分割合を正確に反映した分割が可能となり公平な分割となる。 ・共有物が不動産の場合、共有物の取得者はそのまま居住することができる。	・金銭により持分割合を正確に反映した分割が可能となり、より公平な分割となる。 ・賠償分割と異なり、代償金の支払能力が問題とならない。 ・共有物の評価を巡って争いとならない。
デメリット	・現物のままだとバランスがとれず、持分割合と一致させるのが難しい。 ・共有物が不動産など評価が難しい場合、争いとなりやすい。	・代償金の支払能力が必要で、支払方法を巡って争いになることがある。 ・共有物が不動産など評価が難しい場合、争いとなりやすい。	・売却できるまで時間がかかる。 ・売却時に手数料などがかかる。 ・不動産ではそのまま居住することができない。

図表 現物分割、賠償分割、換価分割の比較

④トラブルの予防法

●少なくとも夫婦以外の共有者は避ける

夫婦がペアローンで購入すれば共有者が二人ということになります。ところが伊藤さんのようにそこにさらに夫婦どちらかの親も援助して資金を出すとなると、共有者が三人、四人と増えてしまいます。

共有者が多くなればなるほど離婚の際には揉めることになります。少なくとも夫婦以外の共有者は避けるべきです。

●むやみに高価な物件を購入しない

ペアローンは夫婦ないし複数人でそれぞれ住宅ローンを組むことができるので、どうしても高い物件を購入しがちです。

身の丈に合わない買い物は夫婦間でトラブルが起きた時に対応を難しくします。リスクを抑えるためには背伸びをしないことが重要です。

また、あえてペアローンでマイホームを購入する場合、少なくともオーバーローンで身動きがとれなくなるリスクを下げることが大事です。

具体的には、物件価格の最低1割、できれば2〜3割程度は自己資金を入れて買うようにすることをお勧めします。離婚だけでなく、夫婦のどちらかの失業や病気、ケガ、あるいは今後金利が上昇するといった事態に対するリスクヘッジになります。

逆にいうと、フルローン（自己資金なし）でマイホームが買えるということ自体が異常です。20年ほど前までは物件価格の2割を自己資金（頭金）として用意するのが当たり前でした。それが次第にフルローンで買えるケースが増えてきたのです。

非課税限度額	・省エネ・耐震性・バリアフリーの住宅……1000万円 ・上記以外の住宅……500万円
特例を活用する主な要件	【住宅の要件】 ・日本国内にある住宅であること ・対象となる家屋の床面積が40㎡以上240㎡以下で、かつ床面積の2分の1以上に相当する部分が受贈者の居住の用に供されるもの 【受贈者の要件】 ・贈与者（贈与する方）の直系卑属（子や孫）であること ・贈与された年の1月1日時点で18歳以上であること（令和4年3月31日以前の贈与については20歳以上） ・贈与を受けた年の所得税の合計所得金額が2,000万円以下であること（床面積が40㎡以上50㎡未満の場合には、1,000万円以下） ・住宅取得等資金の贈与税非課税特例の適用を受けたことがない

図表 「住宅取得資金等の贈与税の非課税措置」の概要

金融機関としては優良企業などの融資先が減ったため、土地や建物を担保にとれるマイホームはとても魅力的な融資先です。

また、日銀による超金融緩和のもとでローン金利の水準も低く、同じ年収でより多くのローンを貸すことができ、借りる方も貸す方もお互いにメリットがありました。

しかし、ここにきて日銀が超金融緩和を方針転換するのではないかと言われています。「自己資金はないけど、借りられるだけ借りて家を買う」という発想はやめたほうがいいでしょう。

●自己資金を増やすには贈与特例なども活用

なお、マイホームを購入するための自己資金を増やすには、親からの資金援助を受けるという手があります。

通常、親からの資金援助は贈与にあたり、年間１１０万円の基礎控除を超える額には贈与税がかかります。しかし、一定の条件を満たすと「住宅取得等資金の贈与税の非課税措置」という税制上の特例があり、１０００万円（省エネ住宅等）又は５００万円（その他の住宅）までは１１０万円の基礎控除とは別に非課税になります。

　ぜひ利用してみると良いでしょう。

チェック

・連帯保証人と保証人では、責任の重さと範囲が違う。
・共有者が多くなればなるほど離婚の際には揉める原因に。
・ペアローンを組む際には、物件価格が高すぎないか確認。

CHAPTER

5

共有物件

結婚30年、自宅を共有にしていたモラハラ夫。自業自得の行く末は…

訳あり不動産の風景5

妻がいつの間にか自宅の持分を売却し帰ってこない…

桜井さん
自宅の持分を売りたいです
夫は昔から自分勝手な人でした
スタスタ
それだからお前はだめなんだよ
また始まった…
でもそれは…
黙れ！
パン
時には暴力も…
ようやく2人の娘も結婚
これから先は一人で生活しよう

夫と別れると決めました
共有になっている自宅の私の持分を売りたいんです
分かりました
まずはご自宅の登記簿謄本など必要な書類をお送りいただけますか
すぐ手続きを始めます
はい
ただ…ひとつだけ気になっていることがあるんです
ギュッ
私が自宅の持分を売ることはもちろん
売った後の行く先も夫に知られないようにしたいんです
大丈夫でしょうか?

はい
お任せください
売却手続きが済むまでご主人に知られないようにします
その後のことも顧問弁護士と相談してご連絡します
ありがとうございます
ほっ
桜井さんは夫と同居を続けながら自分の住民票だけを別の住所に移し
その住所を使って自分の持分を私たちの会社に売却しました
ある日
買い物に行ってきます

帰ってこないぞ
何やってるんだ！
警察に相談しても手がかりなし…
手紙…？
…!!
離婚届

もしもし不動産会社ネクスウィル丸岡です
は？
桜井さまでしょうか
そうですけど
奥さまがお持ちのご自宅の共有名義を弊社が買い取らせていただきました

購入させて
いただいた
不動産につきまして
今後
どうしていくか
協議をさせて
いただけたらと
存じます
何だって…
もしもし…
結局
桜井さんの夫は
自分の持分も売却して
自宅を出ていくことを
選択されました
自業自得とはいえ
60代になってからの
人生の急展開は
あまりに衝撃的だった
のではないでしょうか

① トラブルのポイント

●増え続ける熟年離婚

もはや離婚は珍しいことではなくなりましたが、近年特に増えているのが熟年離婚です。

厚生労働省のデータによると、２０２０年に離婚した夫婦のうち、20年以上同居していたケースが全体の21・７%を占め、統計のある１９４７年以降で最高になりました。

２０２２年（令和４年）の離婚件数は17万９０９９組、20年に19万３２５３組で、２００２年の28万９８３６組をピークに減少しつつあります。その一方、熟年離婚の増加は過去からほぼ一貫して続いていて、例えば１９９０年には13・９%だったので、いまはその１・５倍です。

なぜ離婚件数は減っているのに、熟年離婚が増えているのか。全体的な離婚の原因については92ページでも触れましたが、熟年夫婦になるとまた別の理由があるようです。

例えば、「子はかすがい」といいますが、お互いに不満はあっても子育てのためなら協力し合うことは難しくありません。しかし、子が成人して独り立ちするとそれまでの不満が爆発しやすくなります。

また、相手（特に男性）が定年や引退で自宅にいるようになるとストレスを感じたり、将来の介護の不安が募ってくるということもあるでしょう。

さらに、女性側からするとこれまでは生活費に不安があって離婚を思いとどまってきたものの、ある程度、貯金ができたり、年金分割をしたりすることで経済的なめどがつき、離婚に踏み切るケースもあるようです。

一度きりの人生、どう生きるかはその人の考

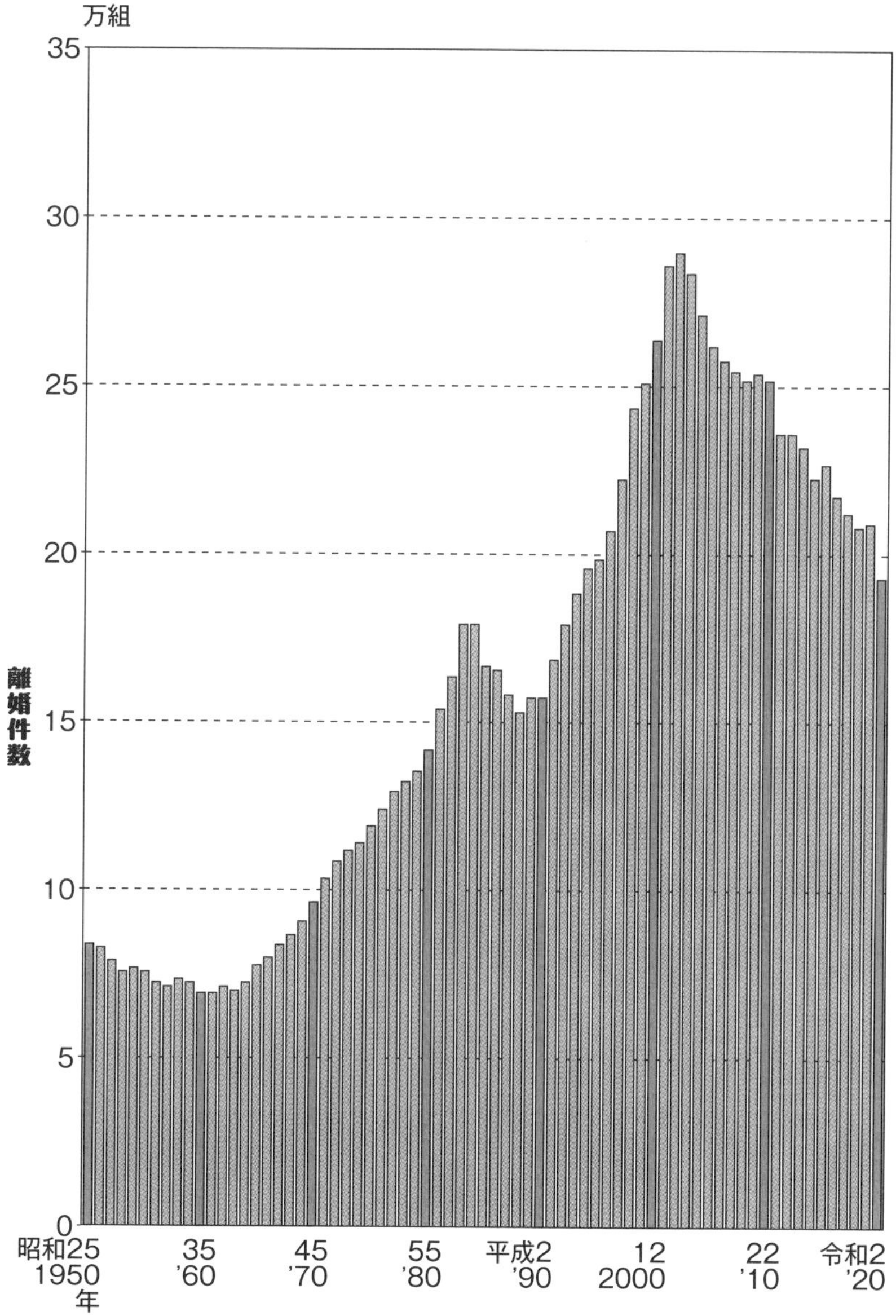

図表 「離婚件数の年次推移」
※厚生労働省「令和４年度離婚に関する統計の概況」

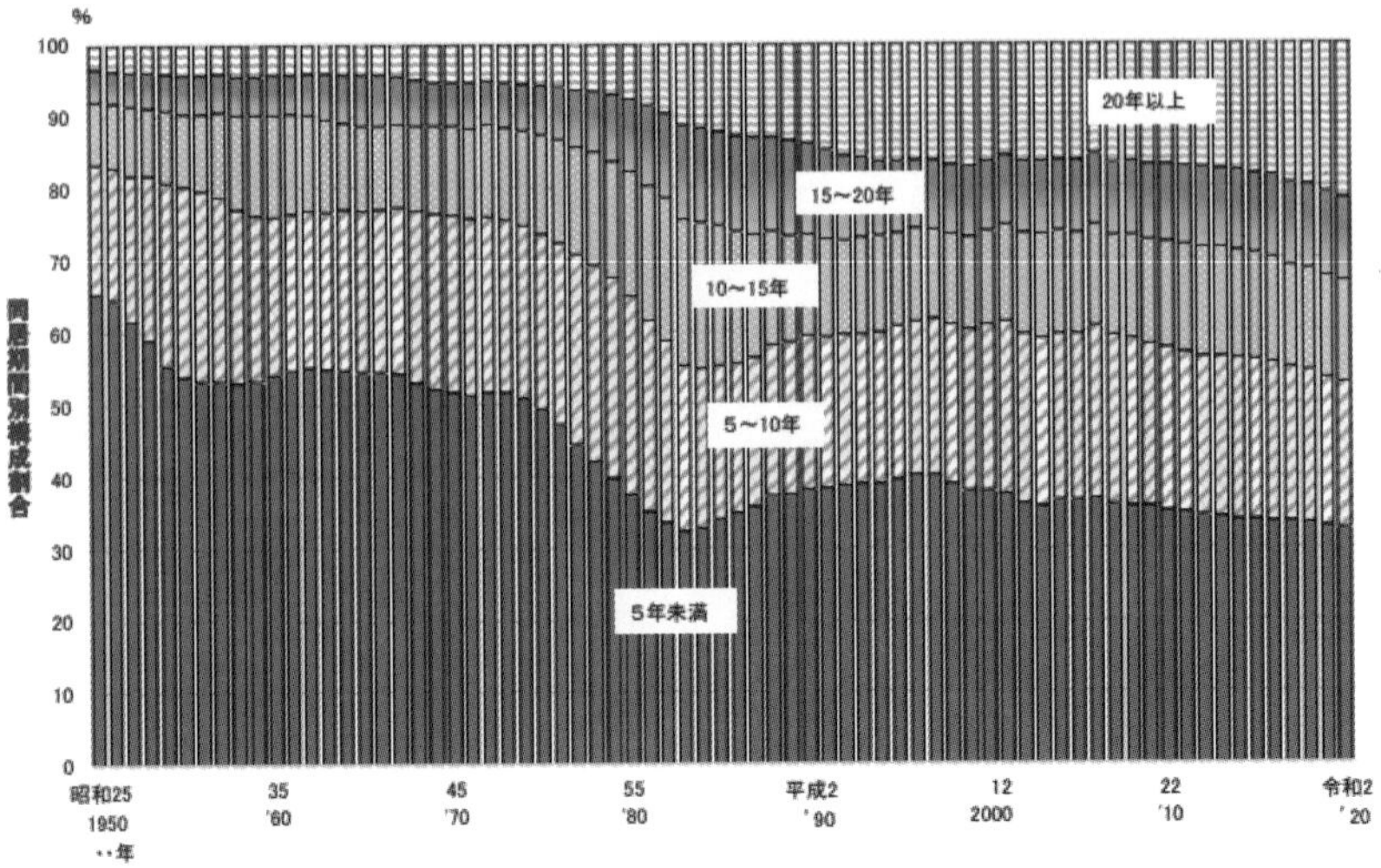

図表 **離婚の同居期間別構成割合の年次推移**
※厚生労働省「令和４年度離婚に関する統計の概況」

え方次第です。これからも熟年世代の離婚は増えるのではないかと思います。

●共有持分の売却なら自由にできる

もし、離婚するとなると問題になるのが、マイホームの扱いです。

前の章でも触れましたが、マイホームが夫婦の共有になっている場合、**自分の持分は買い手さえ見つければ、共有者の了解や同意がなくても売却することが可能です。**

また、これまでは不動産の登記は義務化されていなかったので、売却後の行方を知られないようにするのも、そう難しいことではありませんでした。

ただし、34ページで説明したように２０２６年４月からは住所変更の登記申請が義務化される予定です。今後、相手になるべく知られないようにするには、もとの住所のまま持分の売買契約を結んだらなるべく早く決済し、それから引っ越すというやり方が考えられます。

このやり方のポイントは、持分を買い取ってくれる不動産会社の対応です。買取専門の不動産会社でも、各種手続の関係で契約から決済まで１～２ヵ月かかることが珍しくありません。その点、訳あり不動産専門の私の会社では、契約と同日の決済も可能など柔軟に対応しています。

●行方不明になるだけでは損

ただ、もし桜井さんがただ家を出て行方不明になったとしたらどうなるでしょうか。

その場合、夫のほうとしては行方不明の期間が７年になると、裁判所に失踪宣告（普通失踪）の申立てを行えます。

失踪宣告が出された人は失踪から７年が経過した時点で亡くなったものとみなされ、その権利関係は相続人に引き継がれます。あるいは、桜井さんのように自分が署名・捺印した離婚届を相手に送り、それに相手も署名・捺印して役所に提出すれば離婚が成立します。その場合、元夫は相続人になりませんが、共有物について共有者の一人が行方不明になり亡くなったものとみなされると、その共有持分は他の共有者のものになるという民法上の規定があります。その結果、やはり自分の共有持分が元夫のものになってしまうのです。

それを避けるには、自宅の共有持分を第三者に売却するしかありません。共有持分の売却価格は、完全な所有権価格をベースにして持分割合を掛けた金額よりは多少低くなりますが、かといってみすみす相手のものになるよりは有利です。

	失踪宣告	
	普通失踪	特別失踪
不在者の要件	不在者の生死不明	危難による不在者の生死不明
期間	7年	1年
期間の起算点	最後の生存確認時	危難が去った後
宣告者	家庭裁判所	
請求権者	利害関係人（配偶者、法定相続人、親権者、不在者財産管理人等）	
効果	死亡したものと「みなす」（×推定） ※被宣告者の権利能力を奪うものではない	
死亡の時期	失踪宣告満了時	危難が去った時

図表 失踪宣告の概要

② トラブルの原因

● 共有関係そのものがトラブルの原因

桜井さんの元夫の立場に立っていうなら、そもそも自宅を共有関係のままにしておいたことがトラブルの原因だといえます。

どういういきさつで桜井さんとの共有になっていたのかは分かりませんが、自宅が自分の単独所有になっていたのであれば、単に桜井さんが家を出て行って行方が分からなくなったというだけで、自分が家を売って引っ越さなければならないといったことにはならなかったでしょう。

おそらく自宅にはもうローンも残っていないでしょうから、そのまま終の棲家として住み続けることもできたはずです。

高齢になってから住み慣れた自宅を人手に渡し、新たな住まいを探し、新たな環境で生活を始めるというのはなかなか辛いものです。

もちろん根本には本人のこれまでの桜井さんへの態度や仕打ちがあったことは否めません。私も5年前に結婚しましたが、妻とはいつまでも仲良く暮らせるよう、相手を尊重し、家事も分担するようにしています。

③ トラブルの解決策

● 共有持分を買い取った私たちの立場

桜井さんのケースで言えば、元夫としては新たな共有者である私たちとの間で共有不動産をどうするか話し合うことになります。

桜井さんの共有持分を買い取った私たちとしては、元夫に対して立ち退きを求めるとかそういったことを行うことはできません。

ただ、共有者の権利として次の二つのことを請求することは可能です。

① 共有物に関する不当利得の返還請求

② 共有物の分割請求

● 明渡請求は無理でも不当利得の返還請求は可能

まず、①の共有物に関する不当利得の返還請求とはこういうことです。

所有者は、自由に所有物を処分する権利を持っています（民法２０６条）。共有者の持つ権利（共有持分）もその性質・内容は同じです。

しかし、共有物には数人の所有者がいて、互いにそれぞれの権利が一定の制約を受けるという関係にあります。

もし、共有者のうちの一人が共有建物を占有・使用している場合はどうなるのでしょうか。最高裁の判例ではおおむね図表「共有者のうち一人が共有建物を占有・使用している場合の最高裁判例（概要）」に掲載されているように判示しています。

・共同相続に基づく共有者の１人であって、その持分の価格が共有物の価格の過半数に満たない者（少数持分権者）は他の共有者の協議を経ないで当然に共有物を単独で占有する権原を有するものではない。

・他方、他のすべての相続人らがその共有持分を合計すると、その価格が共有物の価格の過半数を超えるからといって（多数持分権者）、共有物を現に占有する少数持分権者に対し、当然にその明渡を請求することができるものではない。

・多数持分権者は共有物を占有する少数持分権者に対し、持分割合に応じて占有部分にかかる地代相当額の不当利益ないし損害賠償金の請求はできる。

図表 共有者のうち１人が共有建物を占有・使用している場合の最高裁判例（概要）

ただし、平穏な占有を排除して占有を開始した場合などは、権利濫用として明渡請求を認める判決もあります。

こうした経緯を経て令和3年改正民法では、「共有物を使用する共有者は、別段の合意がある場合を除き、他の共有者に対し、自己の持分を超える使用の対価を償還する義務を負う」（249条第2項）としています。つまり、桜井さんの共有持分を買い取った私たちとしては、桜井さんの元夫に対して周辺の賃貸相場などに基づく家賃（専門的には「帰属家賃」といいます）の一部（持分割合により算定した額）を請求できるということです。

●共有物の分割請求訴訟の効果

共有物の分割請求訴訟については令和3年改正民法で、裁判所は次に掲げる方法により、共有物の分割を命ずることができるとされました。

①　共有物の現物を分割する方法

②　共有者に債務を負担させて、他の共有者の持分の全部又は一部を取得させる方法

③　①、②に規定する方法により共有物を分割することができない時、又は分割によってその価格を著しく減少させるおそれがある時は、裁判所は、その競売を命ずることができる

これを踏まえ、①の現物分割と②の賠償分割については、優劣関係はなく、裁判所がケースに応じて適切な方法を選択することができます。また、現物分割と賠償分割のいずれもが不適切な場合、③の競売分割（換価分割）が採用されます。

なお、賠償分割が採用されるには下のような条件が必要とされます。

一定の制約はありますが、共有物の分割請求訴訟は以前より行いやすくなり、共有物を占有している共有者に対する交渉はしやすくなっているといえます。

- 相当性　…　共有物を特定の者に取得させるのが相当であること
- 価格の適正な評価　…　共有物の価格が適正に評価されること
- 取得者の支払い能力　…　共有物を取得する者に支払い能力があること
- 実質的公平を害しないこと　…　一部の共有者に共有物の持分を取得させても共有者間の実質的公平を害しないと認められる特段の事情が存すること

図表　共有物の分割請求訴訟で「賠償分割」が認められる主な条件

④トラブルの予防策

元夫の立場から

桜井さんの元夫としては、そもそも自宅を桜井さんとの共有にしていたことがトラブルの原因の一つであり、単独所有であればここまで揉めることはなかったと言えます。

また、熟年離婚は年々増える傾向にあり、熟年離婚を避けるのも大事ですが、ある程度の年齢になれば残りの人生をどう自分らしく過ごすかということが大事ではないでしょうか。

今回のような驚きの状況に至ったとしても、自分自身に原因の一端があることをかみしめつつ、新たな人生へ踏み出すチャンスに変えるといった発想をすることも大事だと思います。

桜井さんの立場から

桜井さんからすると、今回の自宅持分の売却はほぼ希望通りの展開だったといえます。ただ、これだけスムーズにことが運んだのはやはり、訳あり不動産に詳しい当社のような専門業者に相談されたからです。

下手に有名大手の不動産会社に相談されても、おそらく相手にされなかったでしょう。

共有不動産というだけで面倒に巻き込まれたくないと考える不動産会社は多いですし、ましてや桜井さんの希望に寄り添い持分の売却を相手に知られずに遂行するのは、それなりのノウハウや経験がないと難しいと思います。

チェック

・自分の持分だけを、相手に知られずに売却することは可能。

・自宅の共有持分を第三者に売却しないまま行方不明になると、共有持分は共有者のものになる。

CHAPTER

6

二世帯住宅

仲が良かった兄弟が相続を巡って絶交状態。どうすればよかった？

訳あり不動産の風景6

安易に二世帯住宅を建てたばかりに起こる悲劇

高田さん
相続のことで兄弟と絶交状態になってしまって…
15年ほど前両親と同居するために二世帯住宅を建てました
建築費
父
私
半分
：
半分
父が所有する土地
父が亡くなった後母が認知症で介護が必要になり私と妻がみていました
弟と妹は遠方に住んでいることもあって
ほとんど手伝っていません

昨年母が亡くなりました
相続の話だけど…
兄さんが住んでる家を売って三等分すべきじゃない？
そうだよな
えっ
急に何を言うんだ
両親の面倒も見ていないのに
うちはまだ子どもも中学生と高校生だしローンだって残ってる…
そんな話はとてものめないよ！

どうしたらいいでしょう?
は～
そうですね…本当ならお父さんがお元気なうちに
両親の老後の面倒は同居する高田さんがみるかわり自宅の土地も建物も高田さんに相続させる 父
という遺言を作成しておくのがよかったですね
その際弟さんと妹さんには生命保険を利用するなどして一定の相続財産を準備しておけばさらによかったと思います
ただいまさらそんなことを言っても仕方ありません

まず
これまでどんなふうにご両親の面倒を見てこられたのか
具体的にまとめるとともに
他の遺産を弟さんと妹さんにすべて渡すことでなんとか合意できないか交渉してみてください
株式
土地
もしそれでも難しいとなると
代償分割という方法があります
代償分割
高田さんがご自宅の土地と建物をすべて相続する代わりに弟さんと妹さんに差額分を金銭で渡す

えっ！
相続する代わりに弟と妹に代償金を支払うんですか
これから子どもの教育費だってかかるし
とてもそんな余裕はありませんよ
代償金を用意するために土地と建物の担保余力を使ってローンを借り入れるか
ローン借り入れ
リースバックという方法も考えられます
リースバック
自宅を売却して現金化する
家賃を支払って住み続ける
将来また買い戻す

なんでもっと
早くから
手を打って
おかなかった
のかな…
二世帯住宅を巡っては
高田さんのような
トラブルに
巻き込まれる人が
多いので
注意が必要です

①トラブルのポイント

●兄弟は他人の始まり

「兄弟は他人の始まり」と言われます。血を分けた兄弟であっても、それぞれ成長して親元を離れ、さらに結婚して自分の家庭を持つようになると、配偶者や子のほうに愛情を注ぐようになるのは当然でしょう。その分、兄弟は他人同士のようになるのは致し方ない面があります。

もちろん、自分の家族ができても兄弟同士仲が良いケースもあります。ただ、両親とも亡くなり相続が発生すると、それがきっかけに仲たがいするようになることは珍しくありません。

相続で親の財産を引き継ぐということは、ある意味、臨時収入が入ってくるということです。年齢的にもマイホームのローン返済や子の教育費が家計にのしかかるタイミングであれば、とてもありがたい話です。

遺産の分割は相続人である兄弟が話し合いで決めればいいことですが、それぞれの家庭の事情が絡み、「ちゃんともらうものはもらってよね」などと配偶者などが口を挟んでくるとどうでしょう。お互いがそれぞれの権利や事情を主張し合うことで、トラブルに発展するのです。

●遺産の多くが自宅の不動産の場合はもめやすい

日本では持ち家率は8割を超え、親の持家（実家）がある人が多数派です。そのため、遺産を金額ベースでみて多くを占めるのも自宅（実家）というケースが少なくありません。

ところが、不動産は預貯金や株式、債券などと異なり、簡単に分割できません。高田さんのケースもそうですが、遺産のほとんどが自宅

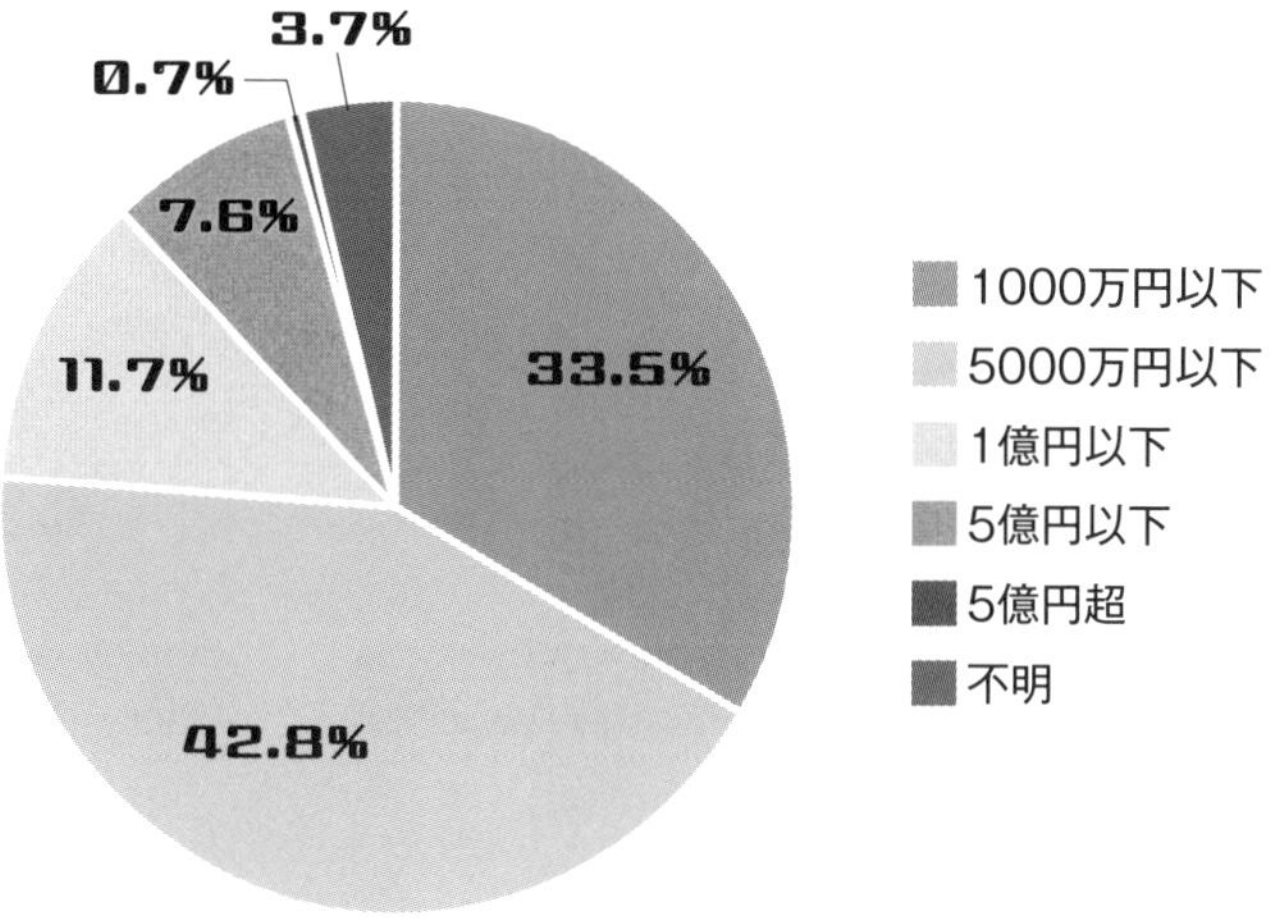

図表 遺産額による紛争件数の割合　※最高裁判所「令和４年度司法統計」

（実家）で、それを売って代金を分けたい相続人と、売りたくない相続人がいると当然もめます。

普通、遺産が多いほど相続で揉めるのではないかと思われがちですが、**実は相続で揉めるのは遺産が少ないケース、特に遺産の多くが不動産のケースだと言われています。**

実際、統計では相続で裁判になっている案件の７割以上が５０００万円以下の遺産を巡るものなのです。

● 二世帯住宅のメリット、デメリット

これに関連して、注意が必要なのが二世帯住宅です。

古くなった自宅（戸建て）の建て替えにあたって、いまでも多くの人が検討したり、ハウスメーカーや工務店が勧めているのが「二世帯住

図表 「二世帯住宅」代表的な形態

宅」です。**「二世帯住宅」には完全分離型、部分共有型、完全共有型**などがありますが、いずれにしろ多いのは親の自宅の敷地に、子世帯と同居することを目的に建てるケースでしょう。

親世帯にとっては子世帯がすぐ近くにいて安心なこと、子世帯にとっては土地を新たに購入したりせずに戸建てを建てられることなど、親世帯・子世帯の双方にとってメリットがあると考えられてきました。

しかし、二世帯住宅にはデメリットもあります。**最大のデメリットは高田さんのケースのように他にも子がいて、相続の際にめぼしい遺産が二世帯住宅が建っている土地だけの場合、遺産分割で揉めることです。**

二世帯住宅を建てて親世帯と同居している子世帯としては、建物のローンが残っていたり、子どもの学校の問題があったりするため、そう簡単に土地建物を売って引っ越すというわけにはいきません。

しかし、他の子にとっては、他にめぼしい遺産がなければ不公平に感じるのも無理はありません。

遺言があれば別ですが、遺産分割協議がなかなかまとまらないまま、兄弟同士の対立は次第に厳しくなり、そのうち裁判という話にでもなれば絶交状態になったりもします。

遺産分割の裁判はそう簡単には終わらず、数年から10年近くかかることもあり、時間と費用は馬鹿になりません。

●事前に遺言を用意し遺産分割の準備も

そうした事態を避けるには、二世帯住宅を建てる際、将来を見据えて同居する子世帯に自宅の土地・建物を相続させることを親が遺言で定めるとともに、他の子のためには別途、生命保険などを使ってそれなりの遺産を用意しておくことが大切です。

相続がきっかけで兄弟姉妹など親族が骨肉の争いをするのは親にとっても決して望むところではないでしょう。

②トラブルの原因

相続人同士が揉めるワケ

これまで私は相続人同士が揉めるいろいろなケースを見てきましたが、誰が悪いということがなかなか言えません。

一方からすると**「法定相続分が決まっているのにまったく話を聞いてくれない」**となりますが、他方からすると**「親の面倒を一切見ないで自分の権利ばかり主張している」**となったりします。

ただ、持分を買い取った当社としては「それぞれの言い分は分かりますが、それ私たちには関係ないですよね」としか言いようがありません。

おそらく、相続人のみなさんがきちんと話し合いをされなかった結果、持分を売る人が出てくるのです。

親の責任が大きい

相続で揉める理由の一つは、あえて言えば遺言など親がきちんと準備をしていないからです。

遺言というと「自分が死ぬことを前提に考えるなんてとんでもない」とか「自分が死んだら好きなようにすればいい」といった人もいますが、それはやはり無責任なのではないでしょうか。

欧米では資産家でなくても遺言をするのは当たり前だと言われます。自分が蓄えた資産を自分が亡くなった後、どうするのか自分で決めておくということは自分の権利でもあり、親族が揉めるリスクを減らし、子や孫の将来を考えておくということでもあります。

図表 兄弟姉妹が相続をきっかけに揉めるケースも少なくない

③トラブルの解決策

● 相続における遺産の分け方は四つ

亡くなった人（被相続人）の遺産を分ける際、具体的には四つの方法があります。

一つは「現物分割」で、遺産の現物をそのままの状態で分割します。最もシンプルで揉めにくいやり方といえるでしょう。典型的なのが現金ですし、現物分割が難しいとされる不動産でも、同じような評価額の土地が複数ある場合や、複数の住戸がある一棟マンションなどでは現物分割ができなくはないケースもあります。

現物分割が難しい場合は、「換価分割」を検討します。これは遺産を売却し、売却した代金を相続人の間で分割するものです。書画骨董、宝石など資産価値がはっきりしない遺産はこの方法で分けるほうが公平です。また、不動産は基本的に現物分割が難しいので、こちらのほうが多いと思います。ただし、換価分割では売却益に対して課税される点には注意が必要です。

現物分割が難しく、換価分割についても遺産の売却に反対する相続人がいる場合は、「代償分割」を検討することになります。代償分割では、**特定の相続人が現物をそのまま相続する代わりに、他の相続人にはその相続分に見合った金銭を支払うことで調整します。**

例えば、高田さんのケースのように親と同居していた相続人が親の自宅を相続して住み続ける場合、親が営んでいた事業を引き継ぐ相続人がその事業に用いる不動産や設備を相続する場合、親が経営していた会社を引き継ぐ相続人が自社株式を相続する場合など、いろいろなケースで利用されています。

「代償分割」では相続税の負担が軽減されるケ

遺産の分割方法	内容
現物分割	遺産の現物をそのままの状態で分割する。
換価分割	遺産を売却し、売却した代金を分割する。
代償分割	特定の相続人が遺産を相続し、他の相続人に代償金を渡す。
共有分割	遺産を共同相続人が共有の状態で相続する。

図表 遺産分割の方法

ースもあります。

例えば、亡くなった人（被相続人）と同居する相続人が被相続人の自宅を相続すると「小規模宅地等の特例」という相続税の特例が利用でき、自宅敷地の評価が80％減額され、その分、相続税が軽減されます。また、亡くなった人（被相続人）が営んでいた農業や会社を相続人が引き継いで営む場合、農地や会社の株式に対する相続税の負担を軽減できることがあります。

もう一つ、**「共有分割」**という方法があります。これは相続財産の一部また全部を相続人の共有とし、それぞれの相続割合の持分を持つというものです。不動産など分割が難しい財産についてこの方法をとることが少なくありませんが、後々その利用方法や売却などでトラブルになりやすく、避けるべきです。

代償分割で問題になるのが資金調達

高田さんのケースでは、高田さんは自分たちが住んでいる実家の土地・建物をそのまま相続したいと考えており、一方弟さんと妹さんは実家の土地・建物は売却し、その代金を分割したいと考えています。

この場合、高田さんとしては「代償分割」で話をまとめることが考えられます。ただし、問題なのは代償金の額をいくらにするかです。高田さんのケースでは、そもそも高田さんが両親の面倒をみていた点をどう考慮するのか、また自宅の土地・建物の評価額をどう見積もるのか、などで変わってきます。

さらに、弟さんや妹さんに支払うお金（代償金）をどうやって確保するかです。数十万円程度で済めば話は簡単ですが、地方の地価の安い場所ならともかく、高田さんの場合は神奈川県

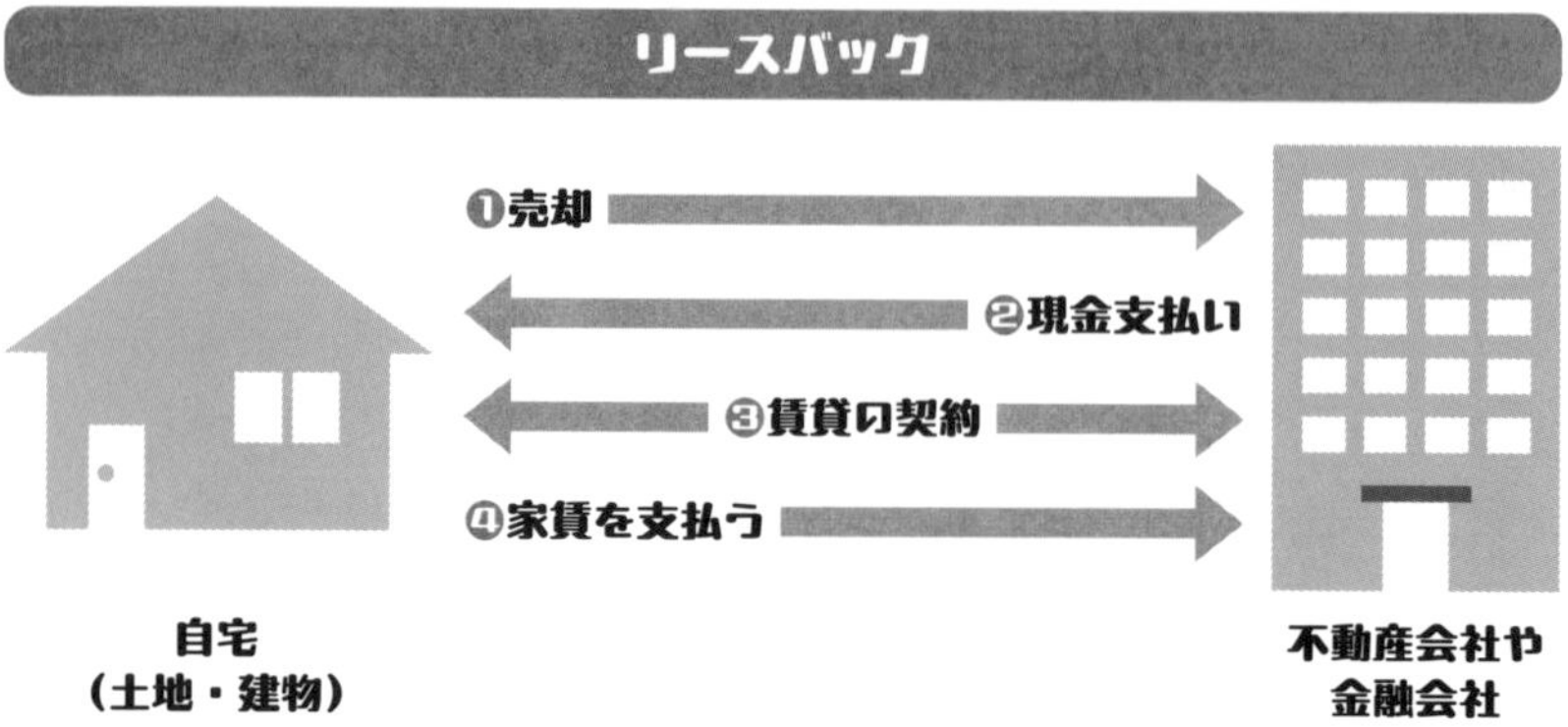

図表 リースバックの仕組み

なので代償金の額もそれなりになり、ポンと払えるかというと難しいでしょう。相続人の間で合意があれば分割で支払うこともできますが、後で未払いが発生する可能性があります。

●ローンを借りたり、リースバックするという方法も

そこで高田さんの場合、「代償分割」で自分が相続する親の自宅の土地・建物を担保にしてローンを借り換えることが考えられます。自宅の土地にはおそらく二世帯住宅を建てた時の建築費分のローンに関連して抵当権が設定されているはずですが、土地の評価額に対してはさほど大きな金額ではなく、担保としての余力があると思われます。また、二世帯住宅を建ててから15年ほど建っているのでローンの返済もかなり、進んでいると思われます。

また、自宅を手放さずにまとまった資金を調達する方法としては「リースバック」という方法もあります。これは、買取専門の不動産会社や金融会社にいったん自宅の土地建物を売却し、同時にその土地建物を賃借する契約を結ぶというものです。リースバック後は毎月、家賃を支払う必要がありますが、将来また土地建物を買い戻すことも可能です。

ただし、リースバックで売却する際の価格は、買い取る不動産会社や金融会社の手数料や利益等の関係で、一般的な市場価格より多少、低くなる点には注意が必要です。

④ トラブルの予防策

● まずは親が元気なうちに話し合いを

二世帯住宅を建てるということ自体、将来の相続においてトラブルになる可能性を秘めています。そのため、二世帯住宅を建てようという話が出た段階で、親と子（複数）の間で将来の相続についてどうするのか、よく話し合って大まかな方向性だけでも決めておくことがとても大事です。

● 遺言書で指定する

そして、できれば親が遺言で誰にどの財産を相続させるのか、指定しておくことが望ましいといえます。もちろんその際、他の資産の分け方やあるいは生命保険を利用して二世帯住宅の土地・建物を相続する相続人と他の相続人の間で極端な不公平が生じないように配慮しておくことが欠かせません。

●一次相続、二次相続の考慮

なお、相続には一次相続と二次相続があります。一次相続とは両親のいずれかが先に亡くなり、他の親と子が相続人になるケースです。この場合、相続税の「配偶者控除」を利用して相続税の負担をほぼゼロにできることもあり、遺産は他の親（亡くなった人から見れば配偶者）が引き継ぐことが多いでしょう。

その次に、残った親（配偶者）が亡くなると、遺産は子の世代に引き継がれます。これが二次相続で、一次相続に比べて二次相続では相続税の負担が大きくなる傾向があります。

そこで、一次相続と二次相続を合わせて相続税の負担を抑えるため、一次相続の際に残った親（配偶者）ではなく、次の世代である子が一定の遺産を相続することがあります。

その場合、問題になるのが残った親（配偶者）が暮らす家の権利です。場合によっては、父親が所有していた自宅の土地建物を同居する子が相続し、残されたもう一方の親（母親）を追い出すといった可能性もないわけではありません。

そこで民法改正で設けられ２０２０年４月１日以降に発生した相続から適用されているのが「配偶者居住権」です。これについてはコラムを参照してください。

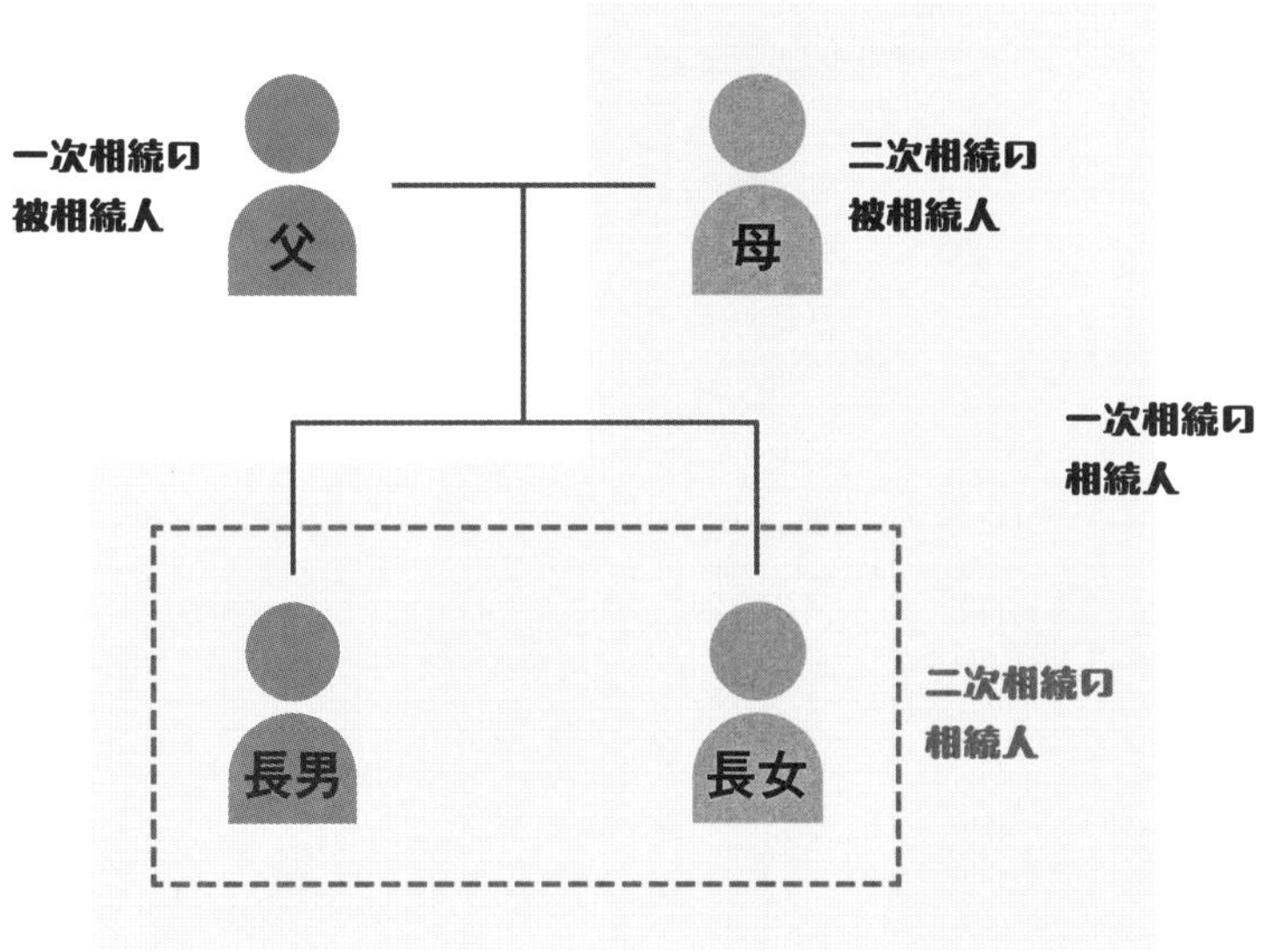

図表 一次相続と二次相続のイメージ

チェック

- 二世帯住宅は相続においてトラブルになりやすい。
- 親と子（複数人）であらかじめ、将来の相続についてどうするのか、話し合っておく。
- 親は、誰にどの財産を相続させるのか、遺言で指定しておくことが望ましい。

コラム

配偶者居住権の概要とポイント

「配偶者居住権」とはその名の通り、配偶者（特に夫に先立たれた妻）が住み慣れた自宅に居住し続ける権利を認めるものです。具体的には、短期居住権と長期居住権の2種類があります。短期居住権（民法での正式名称「配偶者短期居住権」）は、相続が発生してから最低6ヵ月間はほぼ無条件に、配偶者が自宅に住み続ける権利を認めるものです。短期居住権では配偶者は無償で住むことができるだけで、他人に貸したりすることはできません。また、居住期間中の固定資産税などについては、配偶者の負担となります。一方、長期居住権（民法での正式名称「配偶者居住権」）は、相続の対象となる自宅建物について新しく設けられた権利です。いわば、自宅建物の所有権を居住権付き所有権と配偶者居住権の二つに分解し、居住権付き所有権は配偶者以外の相続人が、配偶者居住権は配偶者が取得するのです。

権利の主体	被相続人（亡くなった人）の配偶者 ※内縁関係にある者は認められない
主張できる権利	遺産である自宅建物を無償で使用すること ※相続放棄していても認められる
権利発生の条件	配偶者が遺産である自宅建物に相続開始の時に無償で居住していたこと
権利主張の相手	遺産である自宅建物を相続又は遺贈により取得した者
権利主張できる期間	①遺言がなく遺産分割をする必要がある場合は、遺産分割の日又は相続開始から６ヵ月のいずれか遅い日までの間 ②遺言がある場合は、遺言により建物を取得した者が配偶者に短期居住権の消滅の申入れをしてから６ヵ月間

図表 短期居住権（「配偶者短期居住権」）の概要

短期居住権と比べて一番大きな違いは、配偶者が亡くなるまで、終身にわたって建物（自宅）に住むことが認められることです。また、自分自身が住むだけでなく、他人に貸したりすること（＝収益）もできます。さらに、短期居住権とは違って登記でき、登記すれば建物については第三者に対抗できます。

「配偶者居住権」は基本的に、高齢の配偶者（特に妻）の生活を保護するためのものですが、具体的にどのようなケースでメリットがあるのでしょうか。

第一は、亡くなった人（被相続人）の財産が自宅を含め不動産に偏っており、預貯金などが少ないケースです。残された配偶者に住まいを確保しつつ、一定の現金も相続するようにできます。また、遺産が自宅だけしかない場合、遺言で自宅を配偶者に相続させても、他の相続人（兄弟姉妹は除く）には遺留分が認められており、後から遺留分侵害請求（従来は遺留分減殺請求）を起こされる可能性がありま

権利の主体	被相続人（亡くなった人）の配偶者 ※内縁関係にある者は認められない
主張できる権利	遺産である自宅建物を終身、無償で居住したり収益したりすること ※相続放棄していても認められる
権利発生の条件	下記の両方が必要 ①配偶者が遺産である自宅建物に相続開始の時に居住していたこと ②遺産分割又は遺贈により配偶者が居住権を取得すること
権利主張の相手	自宅建物の所有者 ※建物 所有者には配偶者居住権の登記設定義務がある
権利主張できる期間	終身（配偶者が亡くなるまで） ※あらかじめ期間を定めることもできるが更新はない

図表 長期居住権（「配偶者居住権」）の概要

す。そうなると、せっかく相続した自宅を売却しなければならないことにもなりかねません。

その点、配偶者が取得するのが「配偶者居住権」のみなら、遺産が自宅だけの場合でも遺留分の問題はまず起こりません。

第二は、残される配偶者と子などの人間関係に不安があるケースです。親子であっても人間関係が悪化することはありえます。残される配偶者のための準備にはいろいろな方法があり、その一つとして「配偶者居住権」は新しい選択肢になりえます。

第三は、亡くなる人（被相続人）が自分の所有する自宅の将来の所有権について、一定の道筋を決めておきたいケースです。典型的なのが、子のいない夫婦です。

子のいない夫婦の場合、どちらかが亡くなれば配偶者と自分の両親・祖父母、あるいは兄弟姉妹が相続人になります。ただ、遺言で配偶者に全財産を相続させることは可能であり、自分の親には遺留分が残るものの、自分の兄弟姉妹については遺留分はありません。問題はその先です。

将来、配偶者が亡くなった時、配偶者の家族構成にもよりますが、おそらく配偶者の兄弟姉妹やその子（姪や甥）などが相続人となる可能性があります。配偶者の判断に任せるのであればそれはそれで良いでしょう。しかし、配偶者が生きている間は自宅に配偶者が暮らすのは良いものの、配偶者が亡くなった後は、自分の血族に所有権を渡したいと考える人もいるでしょう。

そうした場合、配偶者には自宅建物の「配偶者居住権」と他の財産を遺言で渡し、自宅の配偶者居住権付き所有権は自分の兄弟姉妹や甥、姪などに相続させるという方法が考えられます。これはもちろん亡くなる人（被相続人）の意思によるものであり、被相続人が自分の相続を考えるにあたっての選択肢が増えたという点が重要です。

なお、同じことは子連れで再婚した夫婦についても当てはまります。被相続人（夫）の配偶者（妻）が自宅の所有権を相続した場合、配偶者（妻）が将来、亡くなるとその子に自宅の所有権は相続されます。被相続人（夫）に子がいても、養子縁組していなければ、配偶者（妻）の相続人になるわけではありません。

　これも被相続人の考え次第であり、自分の相続をどう考えるか、選択肢が増えたということです。

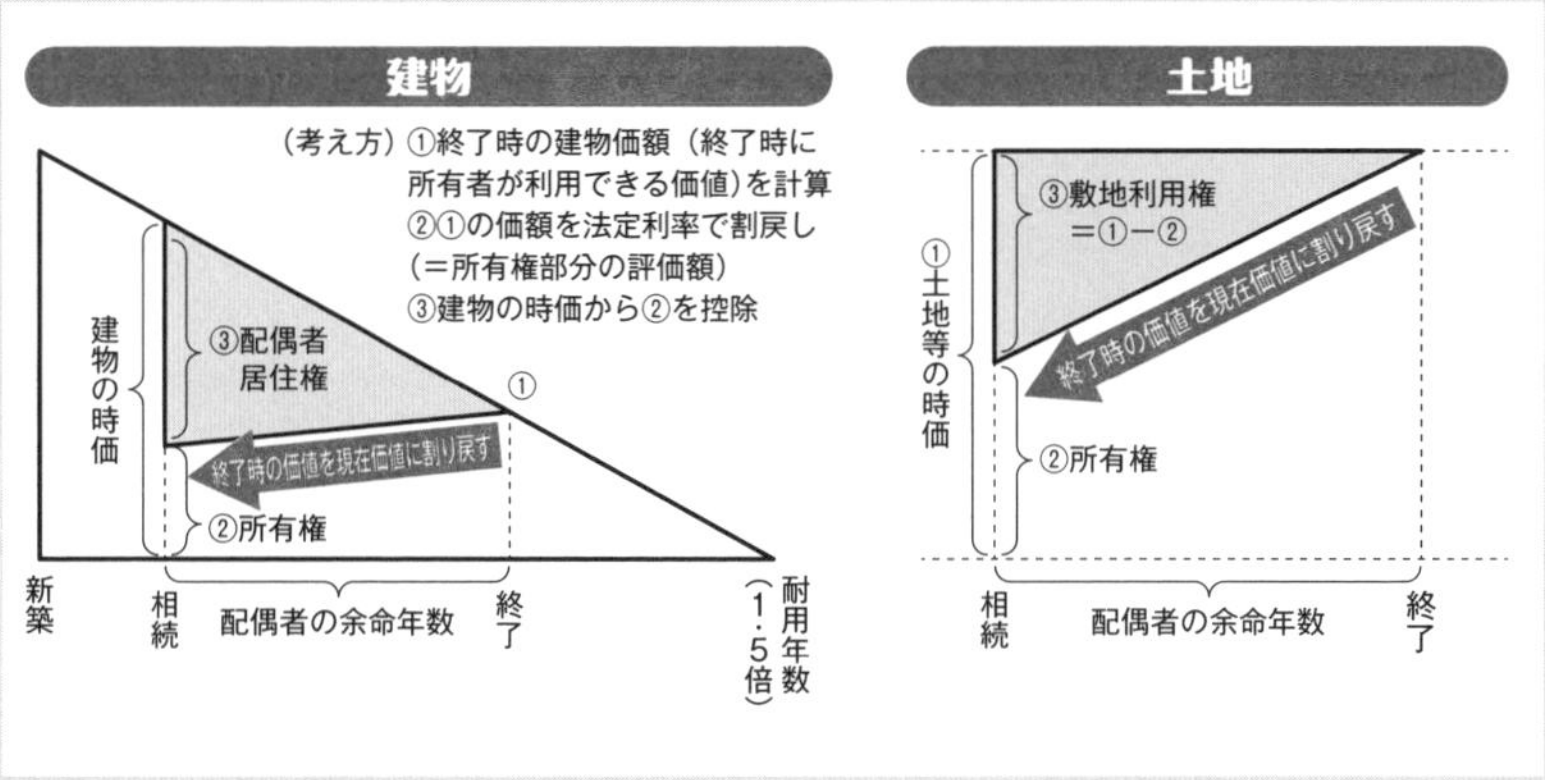

図表 配偶者居住権等の評価の考え方

※公益財団法人全日本不動産協会「月刊不動産 2019 年 10 月号」

CHAPTER

7

借地・底地

借地に建つ実家を相続したら地主から地代の値上げの話が……

訳あり不動産の風景7

親の代は仲良くやっていても子の代になれば別

実家の土地のことでトラブルに巻き込まれました…
神田さん
半年ほど前父が亡くなり関東近県にある実家の土地と建物を相続しました
一人娘だったので遺産分割でもめることもありませんでした
実家の土地は借地でしたが
親と地主さんは昔からの知り合いで
これまで特にトラブルはありませんでした
借地

相続して
しばらくした頃
地主さん
地主さんから
電話だわ
借地を
返してください
えっ
さもなくば
借地料を倍に
値上げします！
はっ？
突然
何ですか？
こっちも
相続があって
代が変わったん
です
だからって
急に
そんなこと
言われても…

結婚後、私は主人の実家に住んでいて
自分の実家に思い入れはありません
地主さんともめるなんて勘弁してほしい！
丸岡さんのところなら買い取ってくれますか？
もちろん買取りは可能ですが
借地権の価格は相続税評価額に比べてかなり安くなってしまいます
地主さんから底地の権利を買い取る
神田さん
借地権
地主
底地権
買い取る
という提案をされてはどうですか
それからであれば市場価格で売却が可能です

あるいは
地主さんと一緒に底地権と借地権をまとめて売却する
神田さん
借地権
地主
底地権
売却
という提案をされてはどうでしょう
本来の市場価格に近い金額になると思いますよ
それは分かるんですがお金の問題ではなくて…
こちらの神経を逆なでしてくるような言動をとる相手と関わり合いたくないんです！
お任せできないですかね
わかりました

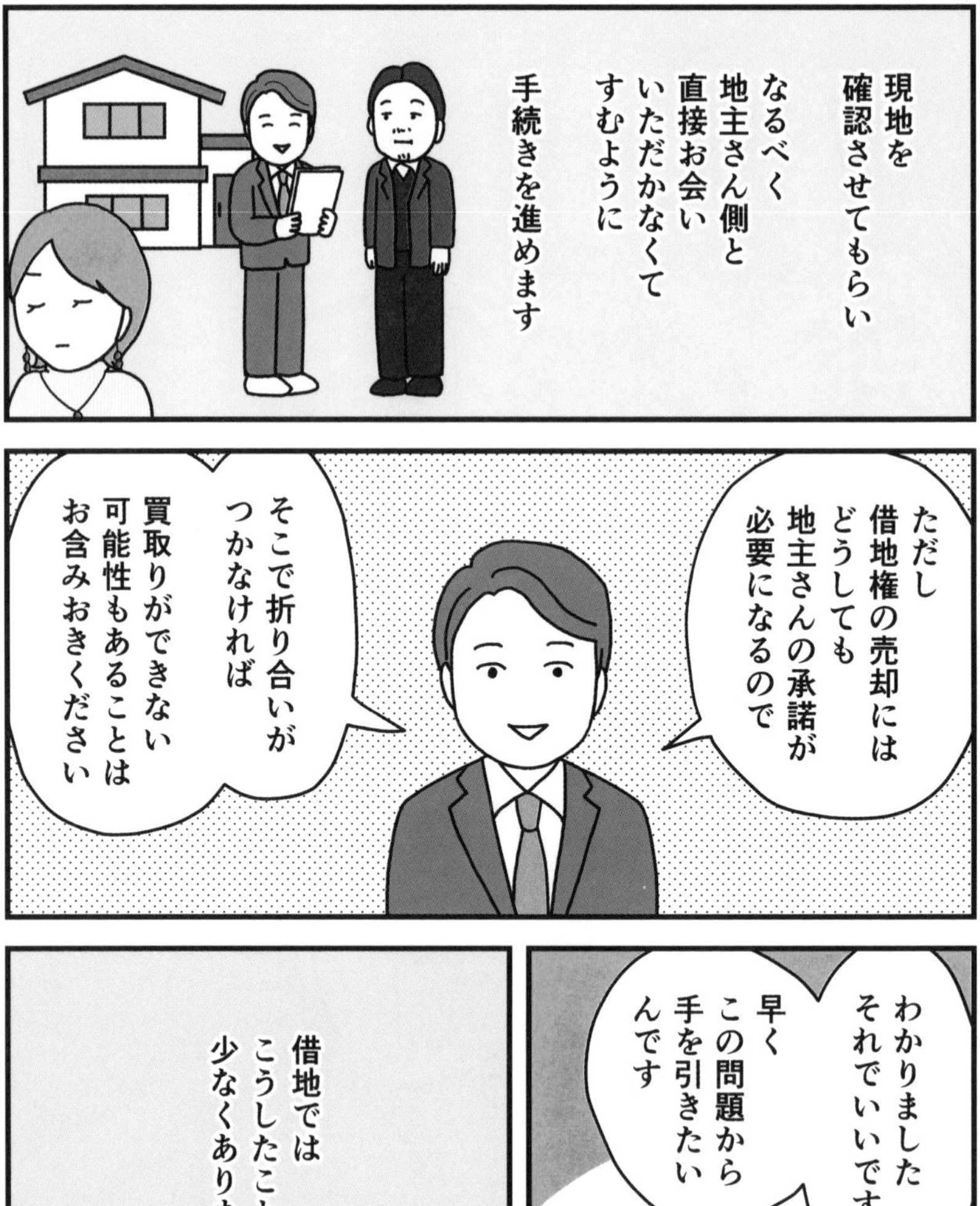
現地を確認させてもらい
なるべく地主さん側と直接お会いいただかなくてすむように
手続きを進めます
ただし借地権の売却にはどうしても地主さんの承諾が必要になるので
そこで折り合いがつかなければ買取りができない可能性もあることはお含みおきください
わかりましたそれでいいです！
早くこの問題から手を引きたいんです
借地ではこうしたことが少なくありません
借地

①トラブルのポイント

●歴史的に紆余曲折を経てきた借地

ものの貸し借りは日常生活でも普通に行われていますす。ところが土地の貸し借りについては歴史的な経緯もあり、非常に複雑になっています。そのため、借地は訳あり不動産の定番の一つなのです。

歴史を遡ると、明治29年（１８９８年）に明治民法が制定された当時、賃借権は20年までであり、借地も借家もすべて定期契約でした。

その後、大正10年（１９２１年）に建物の所有を目的とする借地権（地上権及び借地権）についての借地法が制定され、さらに昭和16年（１９４１年）、太平洋戦争中に借地法が改正され、賃借権であっても地主の側に正当事由がなければ、契約期間が満了しても契約が更新されることになりました。夫や父が戦争に行った家族の生活を安定させるのがその目的だったと言われます。

戦後も裁判などを通して借地人の権利を保護する流れが続き、それが行き過ぎたため新しい借地が出てこなくなりました。

そこで平成３年（１９９１年）に借地法と借家法が改正されて新しい借地借家法ができ、定期借地権制度が創設されたのです。ただし、旧法で契約した借地についてはそのまま旧法が適用され、賃借権における契約更新の拒否などには正当事由が必要とされるので、注意が必要です。

●借地と底地はある種の共有状態

そもそも借地とは、建物を建てるために地代を払って他人から借りた土地のことで、借地の権利を「借地権」、借地権を持っている人を「借地人」といいます。一方、借地権が設定された土地は「底地」といって、底地を持っている人が「地主」です。なお民法上、「借地権」という用語はありますが「底地」や「底地権」といった用語はありません。

通常、土地（更地といったりもします）の所有者には「所有権」があり、その所有権が借地権と底地という二つに分かれているのです。

借地人は借地の上に建物を建てたりすることができます。一方、地主は借地人から地代を受け取ったり、建物の建て替えや借地権の譲渡の際に承諾料を受け取ったりすることができます（借地権が賃借権の場合）。

本書では繰り返し共有不動産の問題を指摘していますが、借地権と底地についてもある意味、一つの土地（更地）に複数の人が権利を持って

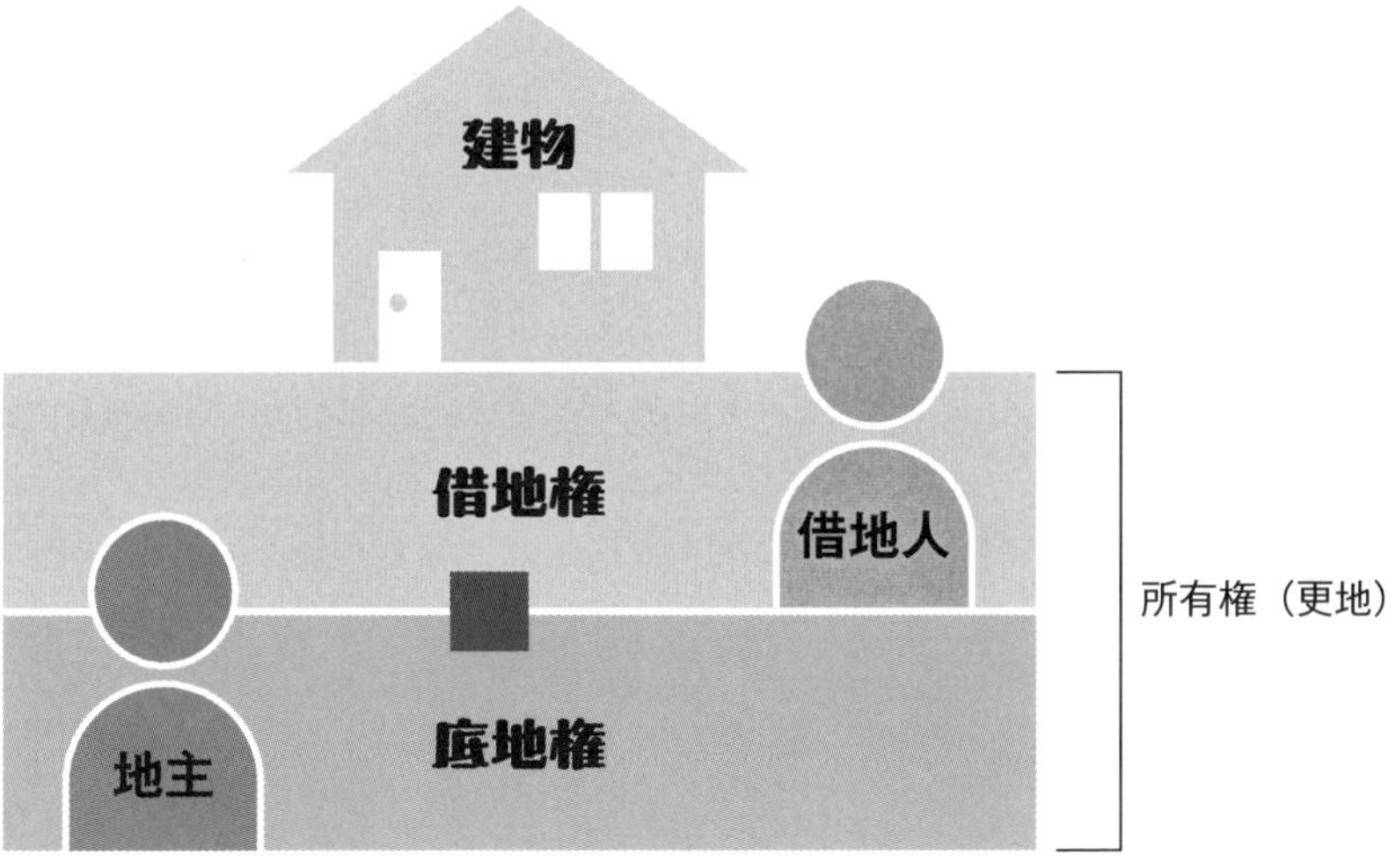

図表 借地権と底地の関係（イメージ）

おり、ある種の共有状態といえないこともないと思います。

●それぞれの価値を減殺

所有権の対象である一つの土地（更地）が借地権と底地に分かれているのですから、理論的には借地権と底地それぞれの価値を足すと所有権価格（更地価格）と同じになるはずです。

実際、借地権が相続された場合、相続税の計算においてはまず土地（更地）の相続税路線価などに基づいてその価額を算出し、それに地域ごとに定められた借地権割合を掛けて借地権の評価額を求めます。

借地権割合は図表のように30％から90％までありますが、ポイントは底地の相続税評価額は更地の相続税評価額から借地権の相続税評価額を差し引いた金額になるということです。

つまり、相続税の計算においては、借地権の評価額と底地の評価額を合計すると更地の評価額になるのです。

ところが、実際の社会ではそうはなりません。市場で借地権や底地が取り引きされることもありますが、それぞれの市場価格を合計しても決して更地価格（所有権価格）にはなりません。

なぜなら、借地権（賃借権）を持つ借地人はその土地に建物を建てて利用できますが、底地を持つ地主に対して毎月地代を支払わなければ

記号	借地権割合	記号	借地権割合
A	90%	E	50%
B	80%	F	40%
C	70%	G	30%
D	60%		

図表 相続税評価における借地権割合

ならず、また建物を建て替えたり第三者に借地権を売却する際には、承諾料を払わなければなりません。

底地を持つ地主のほうはさらにメリットは少なく、毎月の地代とときどき承諾料が入ってくるだけです。

しかも、地代の引上げは簡単なことではなく、更地（所有権）の時価評価に比べると非常に低く抑えられています。

こうした構造的な問題が借地権と底地には存在しており、それぞれの価値を減殺し合っているのです。

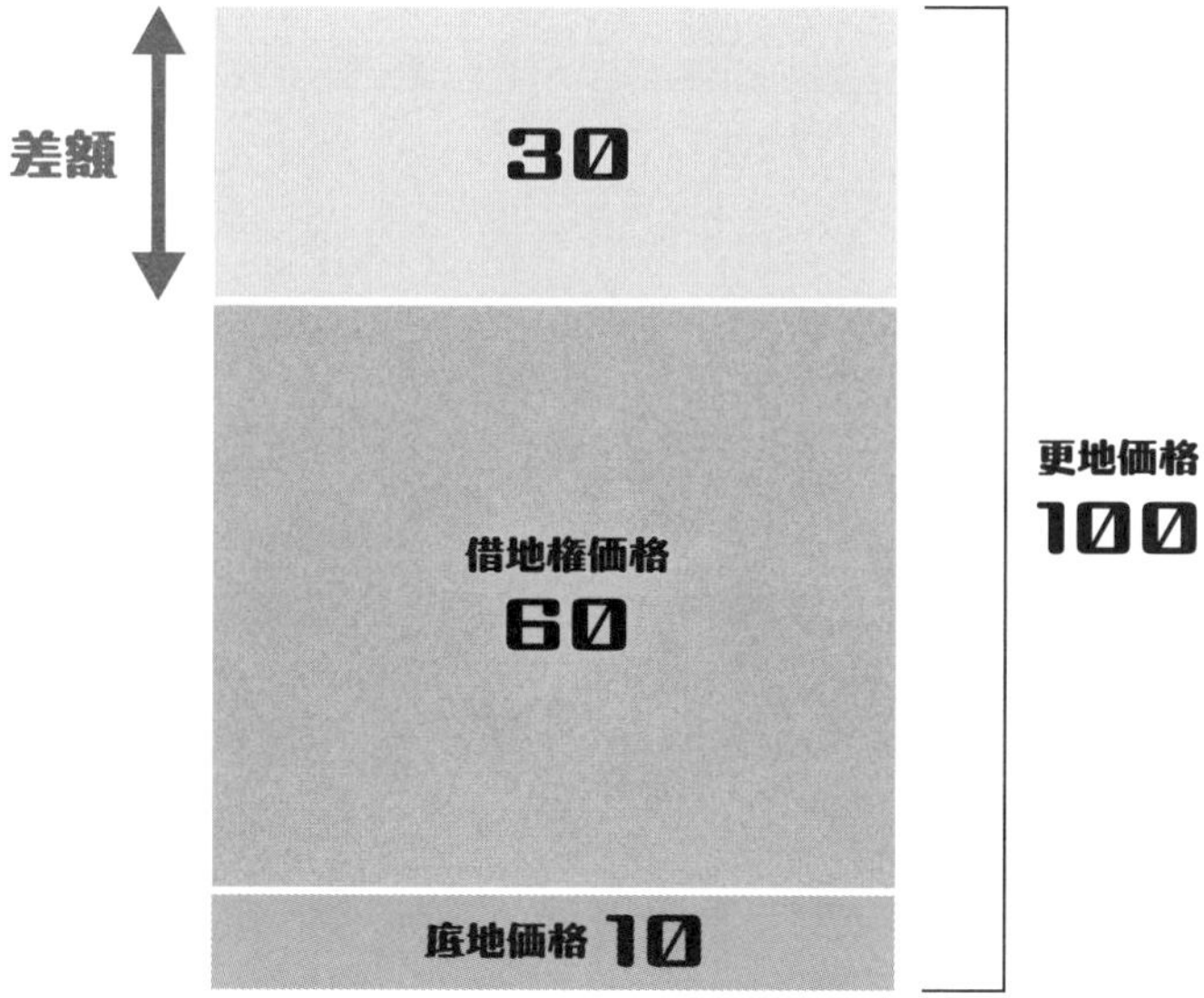

図表 市場における借地権価格と底地価格の関係（イメージ）

② トラブルの原因

● 借地権で多いのは賃借権

ところで、他人の土地を借り、そこに建物を建てられる借地権には「地上権」と「賃借権」の2種類があります。

少し専門的になりますが、**民法上「地上権」は物権の一種であり、「賃借権」は債権の一種とされます。**

物権の代表が所有権です。

物を直接的に支配することができる権利であり、不動産については登記することで第三者にも権利を主張できます。地上権についていえば、地主に対して地代を払う必要はありますが、それ以外は建物を建て替えることも第三者に地上権を売却することも自由です。

一方、債権は契約などを結んだ特定の相手に対してのみ、特定の行為をすることを請求することができる権利です。賃借権についていえば、土地を借りる人（賃借人）が土地の所有者（地主）に対して、建物を建てることを認めるよう請求できるだけにとどまります。

土地を借りる場合、地上権と賃借権のどちらにするかは、土地の所有者と土地を借りる人の合意の上で決めますが、土地の所有者にとって地上権の設定はかなり不利であり、一般に地上権が設定されることは少ないといっていいでしょう。

● 賃借権の物権化による歪み

ところが歴史的な経緯もあり、賃借権がどんどん物権に近づいてきました。詳しい話は省きますが、土地の賃借権は生活の基盤に関わるため、賃借人の保護を目的として土地の賃借権に

	地上権	賃借権
権利の種類	物権	債権
登記義務の有無	必須 ※地上権を設定した土地所有者に登記義務あり	必須ではない ※建物を登記する場合は地主の許可不要
地代	あり	あり
地主の許可（譲渡・転貸時）	必要なし	必要あり
存続期間	30年以上	借地権の種類による 最長50年

図表 借地権における地上権と賃借権の比較

ついては長年の間に法律が見直されてきたのです。

そしていまや、賃借権（普通借地権）であってもほぼ半永久的に土地を借り続けることができるようになっています。借地契約の期限が来ても地主の側は、その土地を自分で使わないと困る正当な理由（これを法律用語で「正当事由」といいます）がなければ、契約更新を拒否できないとされているのです。

また、賃借権は債権であり第三者に対して権利を主張できないのですが、これも借りた土地の上に借地人名義で登記した建物が建っていれば、第三者にも賃借権を主張できるとされるに至っています。

相続で対立関係が顕在化

以上のようなことから借地人と地主は、お互

図表 借地人と地主は基本的に対立関係を秘めている

い相手に対する不満があり、ほとんど何らかのトラブルを抱えているといっていいでしょう。

借地人としては、借地上の建物の建て替えや借地の売却にあたって地主の承諾がいるなど利用に制約があります（借地権が賃借権の場合）。

一方、地主としては自分の土地なのに利用することができず、しかも地代が安すぎると考えています。もともとは自分の土地だったのだから可能であれば借地（権）を取り戻したいと思っているのです。借地権を設定した当初、借地人と地主には、一定の人間関係があるのが普通で、それほどもめたりはしません。しかし、借地人と地主は基本的に対立関係を秘めているのです。

そして、神田さんのケースのように借地人、地主のどちらか（あるいは双方）に相続が発生すると、もともとあった人間関係が途切れてしまい、借地人と地主の関係がギスギスしたものになりやすいといえます。いったん感情的なもつれに陥ると、抜き差しならないトラブルに発展するのです。

③ トラブルの解決策

●どちらかが相手の権利を買い取る

借地を巡るトラブルを解決するには、借地権と底地に分かれている権利関係を解消するのが一番です。

そのためには、借地人か地主かどちらかが相手の権利を買い取ることが考えられます。もちろん、それには売買金額を含めて双方の同意が必要です。この場合、相手の権利を買い取ったほうが更地（所有権）を手にすることになり、金銭的なメリットがかなりあります。

そのため、借地権や底地をそれぞれ市場で売却するより、買い取り価格を高くするのが一般的です。

あるいは、**借地人と地主が一緒に、借地権と底地を第三者に売却するという方法もあります。**それぞれが単独で売却しても安くしか売れないところ、一緒に売ることで買い手にとっては更地（所有権）が手に入るので、売却価格がアップします。

さらに土地の面積がある程度、広い場合には、借地権の一部と底地の一部を交換するという方法も考えられます。交換する割合については、土地や借地権の価格などを参考にしつつ、当事者同士の話し合いで決められます。例えば6：4の割合を基本とし、それを5：5にするため一方が他方に一定の金銭を支払うということも可能です。

ただし、この方法は不動産の譲渡に当たるとして税金がかかることがあるので注意が必要です。

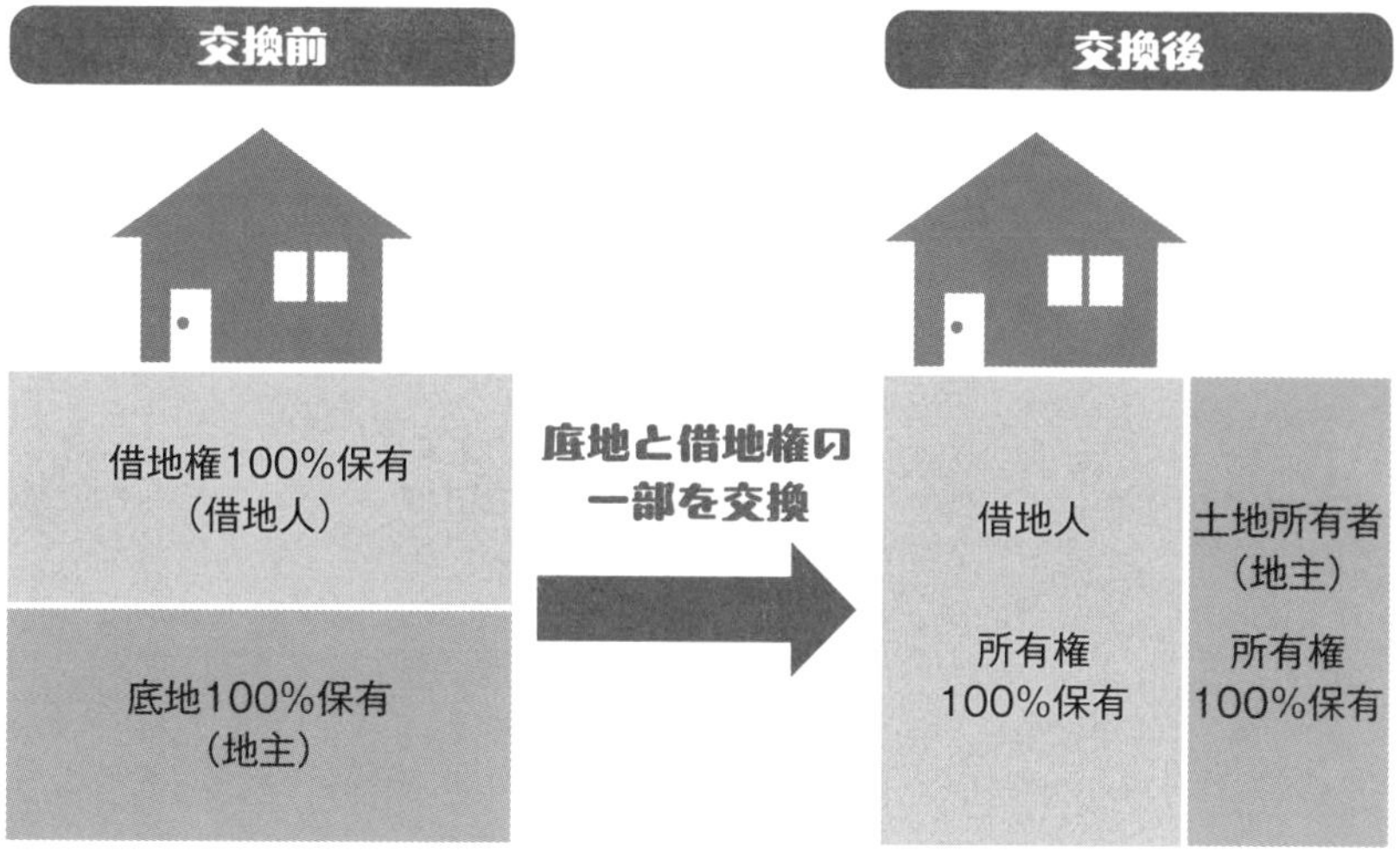

図表 借地権と底地の一部を交換するケース

●借地人のほうが相対的には有利

もちろん、これらには借地人と地主の合意が必要であり、相手が合意を拒否している限りは無理です。

その場合は相続税評価額よりも低くなる可能性が高いものの、借地権又は底地のまま第三者に売却するしかないでしょう。

ただし、借地人と地主のどちらがよりダメージが少ないかといえば、あきらかに借地人のほうが有利です。なぜなら、借地人はその土地に建物を建てて利用することができます。神田さんのケースで言えば、自分で住まなくてもそのまま建物を誰かに貸すことで賃料を得ることができます。

そして、賃料が得られる不動産は、価格と賃料のバランスによりますが、投資家が興味を示します。こうして借地人は借地権と建物を売却することで一定の金額を確保できる可能性があります。

地主は不利です。

底地を所有する地主が得られるのは毎月の地代とたまに入る承諾料だけです。底地を買い取ってくれるのは、底地専門の不動産会社のみといってもいいでしょう。それもかなり金額が安く抑えられますし、エリアや立地によっては底地専門の不動産会社でも買い取らないケースがあります。

④トラブルの予防策

● 早めに整理することが大事

こうした借地権や底地を巡るトラブルを防ぐには、早めに権利関係をすっきりさせるしかありません。

神田さんのケースでいえば、借地契約を結んだお父さんが元気なうちに底地を買い取るか、地主と一緒に借地権を第三者に売却するか、何らかの手を打っておくべきだったといえます。

繰り返しになりますが借地権や底地で相続が発生すると、当初の経緯や当事者の人間関係などが分からなくなり、借地人と地主の間ではお互いの権利の主張ばかりが先鋭化します。

● プロに売却して権利調整を任せる

抜き差しならない状況になった場合、不動産の素人が解決することはまず無理です。

金銭的には望ましいことではありませんが、**「売れるうちに売ってしまう」という発想に切り替え、借地権や底地を専門とする不動産会社に売却することも考えましょう。**

借地権や底地は当事者同士の人間関係が実はトラブルのきっかけになったりします。

その点、法人である不動産会社にとっては過去の経緯や不満、思惑などは関係ありません。ビジネスの視点で淡々と処理することが、意外に関係者全員にとって適切な処理になります。

私たちもこれまで、借地権を買い取らせてもらい、建売業者に借地権付きの土地として売却したことがあります。この時は、もとの借地人から当社への譲渡と、当社から建売業者への譲渡と、地主には譲渡承諾を2回もらってまとめました。

　譲渡承諾の相場は借地の立地や面積にもよりますが、戸建て住宅の敷地であれば数十万円からせいぜい１００万円程度ではないでしょうか。

　信頼できるプロに任せるというのは有力な選択肢だと思います。

チェック

- 借地権には、「地上権」と「賃借権」がある。
- 民法上、「地上権」は物権の一種であり、「賃借権」は債権の一種。しかし、いまは、賃借権であってもほぼ半永久的に土地を借り続けることができる。

CHAPTER

8

空き家

地方の実家をほったらかし。固定資産税アップの通知でなんとかしたい…

訳あり不動産の風景8

懐かしさだけでズルズルしていたツケがいま

知り合いの中田さん
空き家になってた実家のことで困ってるんだ
北陸地方出身
高校卒業後、上京して就職し
大手スーパーに勤務
弟と妹も地元を離れて生活しています
私
東京
弟
名古屋
妹
関西
10年ほど前に両親が亡くなり実家を相続しました
実家どうしようか
自然に恵まれたいいところよね
懐かしいなぁ

手入れもしっかりされてるしなあ
しばらくそのままにしておこうか
そうね
そうだな
維持費は固定資産税が年間数万円程度だし
それくらいなら俺が負担すればいいや
年に1～2回は様子を見に帰っていたけれど…
仕事や子どもの受験で忙しくなり
そのうち足も遠のいていきました

つい先日のこと
固定資産税の通知書か
実家の固定資産税がろ…6倍になる!?
6倍
20万円を超えるじゃないか!
6倍
どういうことなの
ガーン
このままにしておくのか
それとも何か手を打った方がいいのか

丸岡くんどうしたらいいんだろう？
まだ6倍になると決まったわけじゃないだろ
そうなるかもしれないという通知のはずだよ
まずは庭の木を切ったり
役所にどうしたらいいか相談してみるのがいいんじゃないかな
市民相談窓口
これを機会に売るつもりなら空き家バンクに登録してみるのもいいんじゃないかな
○○町
空き家バンク
あるいは建物を解体して土地を売却しようということなら解体費を補助してくれる自治体もあるよ

まずはいろいろ
調べてみることだね
わかった
そうしてみるよ
これから
中田さんの
ような人は
間違いなく
増えるでしょう
地方に
空き家のまま
ほったらかしにしている
実家がある場合は
注意してください

①トラブルのポイント

●増える一方の「空き家」

いま、全国で「空き家」が増え続けています。国が５年に１回行っている「住宅・土地調査」（直近は２０１８年）によると、２０１８年10月１日時点で全国には６２４０万７０００戸の住宅があり、そのうち「空き家」は８４８万９０００戸、総住宅数に締める割合（空き家率）は13・６％に達します。

日本の人口はすでに２００８年頃をピークに減少しており、世帯数についても２０２３年以降は減少する見込みです。

今後、空き家数、空き家率ともにもっと上昇していくことは間違いありません。

特に増加が目立つのが「その他の住宅」（３４９万戸）です。「その他の住宅」とは、主には家族が住んでいたのに誰も住まなくなった家です。

政府の推計によると、「その他の住宅（その他の空き家）」は、２０２５年（令和７年）には４２０万戸、２０３０年（令和12）には４７０万戸程度になるとしています。これは単純に毎年10万戸ずつ増えていくペースです。

また、民間のシンクタンクである野村総合研究所（ＮＲＩ）の予測では、今後新たに建てられる住宅が減少してもそれを上回るスピードで世帯数の減少が見込まれるため、既存住宅の除却や住宅用途以外への有効活用が進まなければ、２０３３年には空き家数は１９５５万戸、空き家率は27・３％に上昇するとしています。

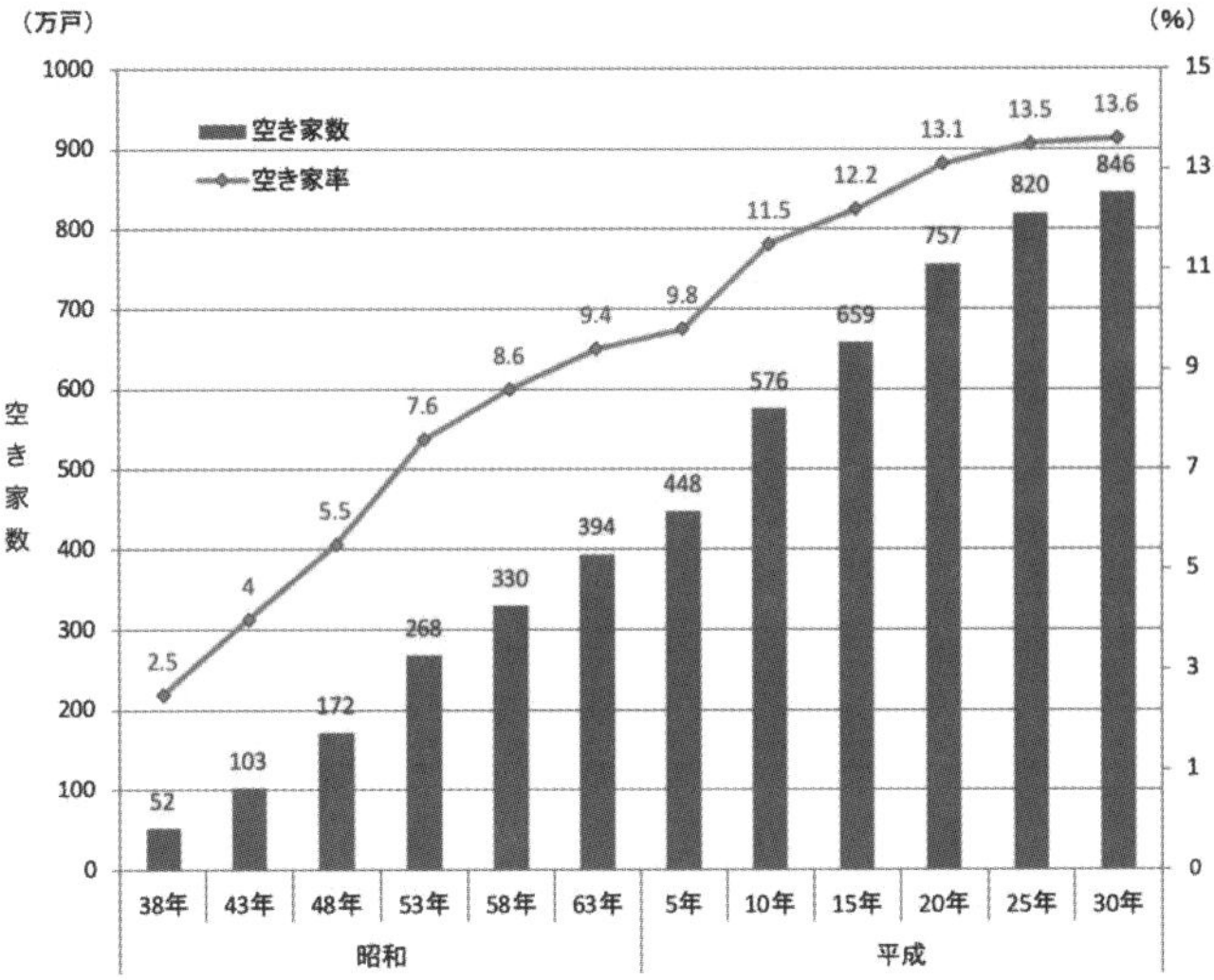

図表 空き家数及び空き家率の推移

※総務省「平成 30 年住宅・土地調査」

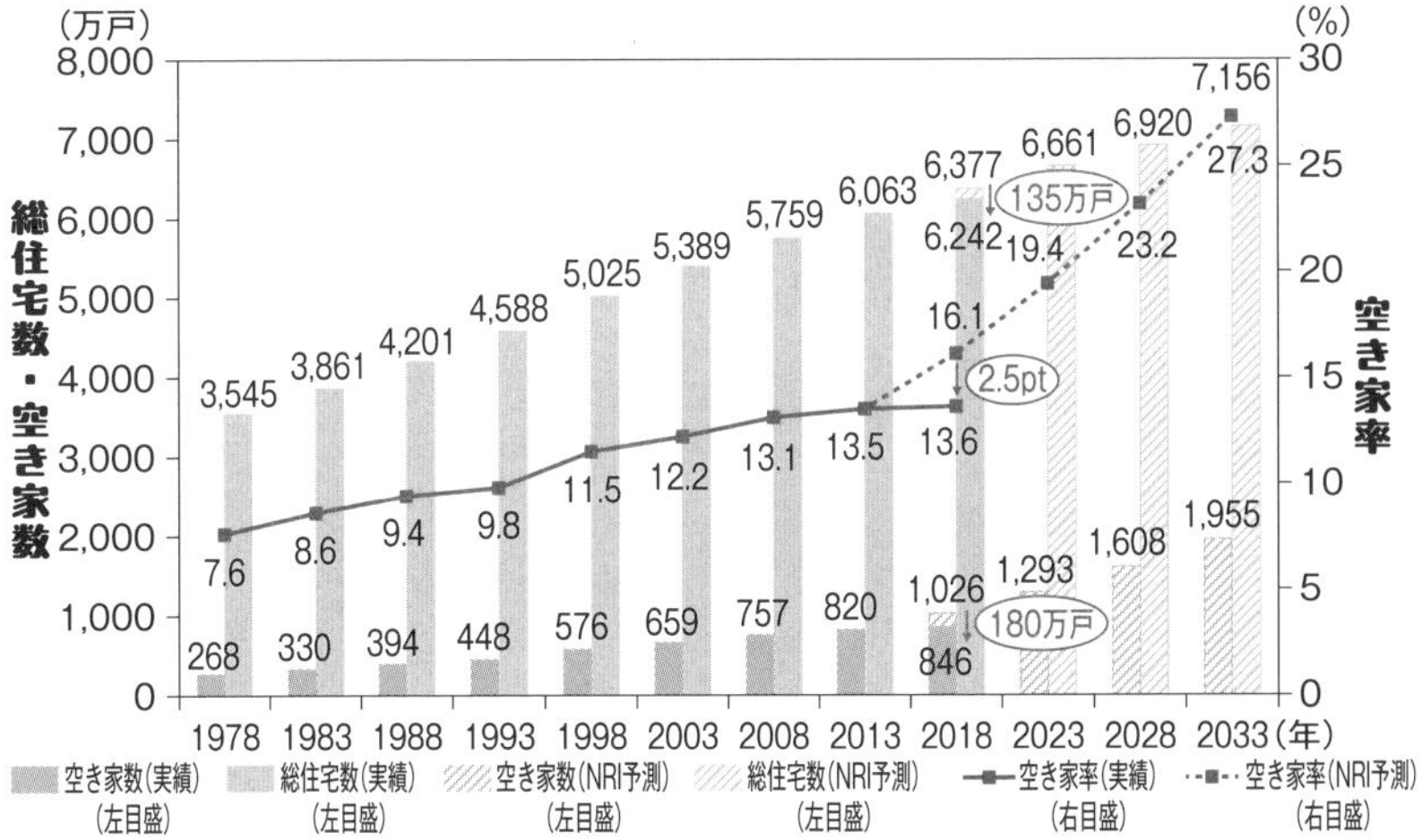

図表 総住宅数・空き家数・空き家率の実績と予測

※野村総合研究所「〈2019 年度〉 2030 年の住宅市場と課題」

●どんどん厳しくなる「空き家」への風当たり

こうした状況に危機感を抱いた政府は近年、空き家への締め付けを進めています。きっかけになったのは２０１５年に施行された**「空家対策特別措置法」**です。

基本的に空き家にしておくかどうかは所有者の自由ですが、建物や塀などが傷み、庭の木や草が生い繁ったりすると周囲に迷惑を及ぼします。そこでこの法律では次のような状態にある空き家を「特定空家」として市区町村が指定できることにしました。

① **倒壊等著しく保安上危険となるおそれのある状態**
② **著しく衛生上有害となるおそれのある状態**
③ **適切な管理が行われないことにより著しく景観を損なっている状態**
④ **その他周辺の生活環境の保全を図るために**

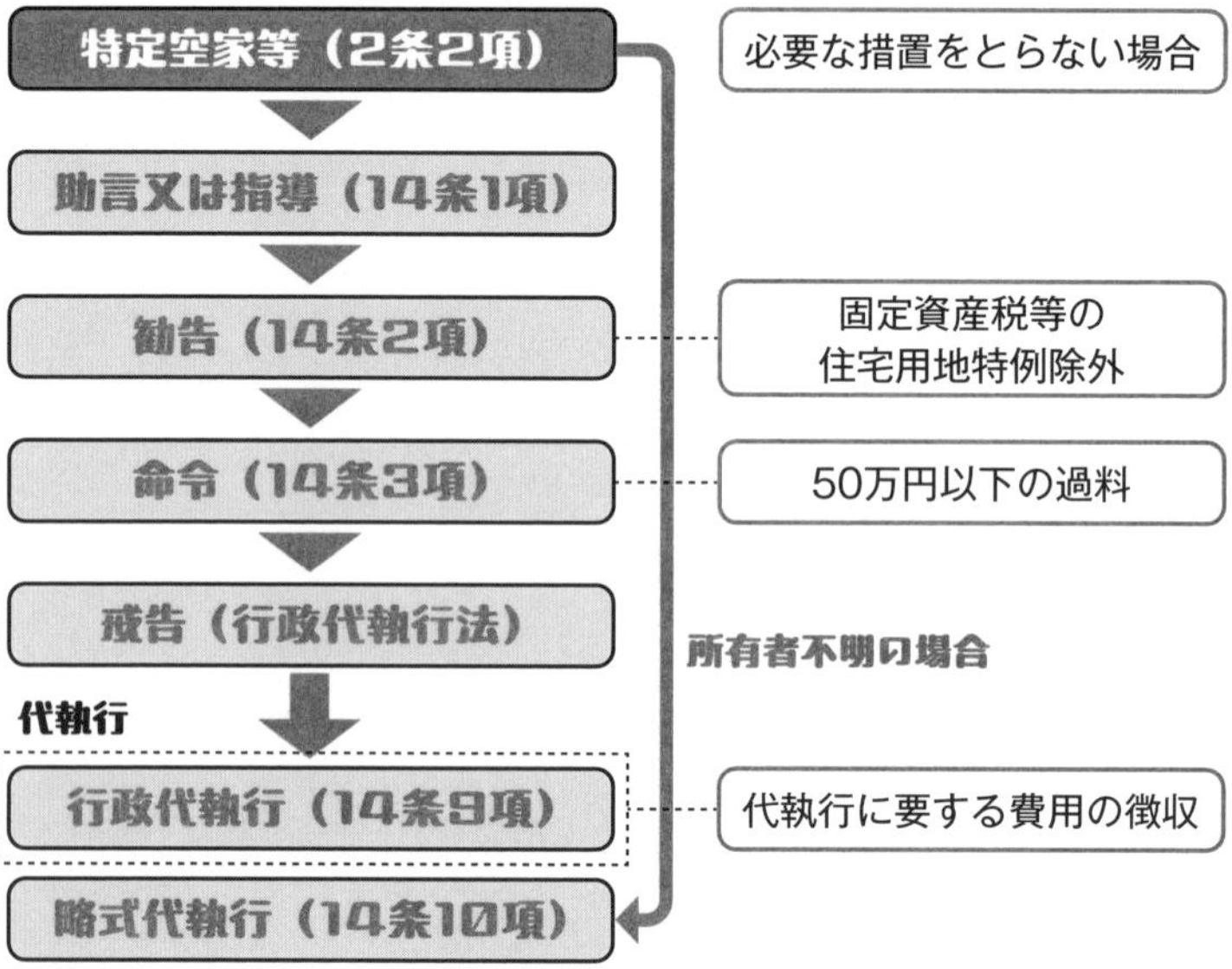

図表 「空家対策特別措置法」における空き家への扱い

放置することが不適切である状態

「特定空家」には、地元の市区町村から助言・指導・勧告・命令などの措置が取られます。このうち「勧告」までいくと、固定資産税・都市計画税において認められている「住宅用地の課税標準の特例」の適用が除外され、固定資産税等の額が最大６倍増えることになります。

●これまでは空き家でも固定資産税が安かった

中田さんのケースもそうですが、「住宅用地の課税標準の特例」の適用が除外されることで固定資産税などの額が最大６倍増えることになります。

　土地や建物を所有していると地元の市区町村に毎年、固定資産税と都市計画税を納めなければなりません。税額はそれぞれの市区町村が土地、建物について定めた固定資産税評価額に一定の税率を掛けて計算し、通知してきます。

　その税額の計算において、自宅やアパートなど人が住むための建物が建っている土地について適用されるのが「住宅用地の課税標準の特例」で、税額を計算するベースになる課税標準額（本来は固定資産税評価額）が大幅に引き下げられるものです。

　例えば、自宅の敷地が３００㎡であれば、そのうち２００㎡以下の部分は固定資産税の課税標準が６分の１、都市計画税の課税標準が３分の１に引き下げられます。

　また、残りの部分は固定資産税の課税標準が３分の１、都市計画税の課税標準が３分の２となります。税額もそれぞれの割合で少なくなります。

　空き家もこの特例の対象となります。ところが、「特定空家」として「勧告」を受けると対象外となり、税額がいっきに跳ね上がるというわけです。

さらに2023年6月からは「空家対策特別措置法」の改正によって、「特定空家」と認めるまでには至らなくても、そのまま放置すれば「特定空家」になるおそれがある空き家を「管理不全空家」に指定し、「助言」又は「勧告」を行うことができるようになりました。

そして、「勧告」までいくと「特定空家」と同じく、固定資産税などにおける「住宅用地の課税標準の特例」が除外され、固定資産税などが最大6倍になります。

住宅用地の区分	固定資産税における課税標準	都市計画税における課税標準
小規模住宅用地（200平方メートル以下の部分）	本来の6分の1	本来の3分の1
一般住宅用地（200平方メートルを超える部分）	本来の3分の1	本来の3分の2

図表　固定資産税、都市計画税における課税標準

●万が一の際の損害賠償リスクも

なお、自宅を空き家のままにしておいた場合、確率的にはそれほど大きくなくても、損害賠償責任を負うリスクもあります。

例えば、建物の外壁が崩れたり、屋根の瓦が落ちたりして通りがかった人がケガをしたり、隣家に損害を与えたりした場合、その建物の管理者や所有者が損害賠償の責任を負わなければなりません。民法第717条の「工作物責任」と言われるものです。

工作物責任はまず工作物（建物等）の占有者

が負いますが、占有者が「損害の発生を防止するのに必要な注意」をしていた時、工作物の所有者が損害賠償責任を負います。

空き家にして何年もほったらかしにすることには大きなリスクがともなうのです。

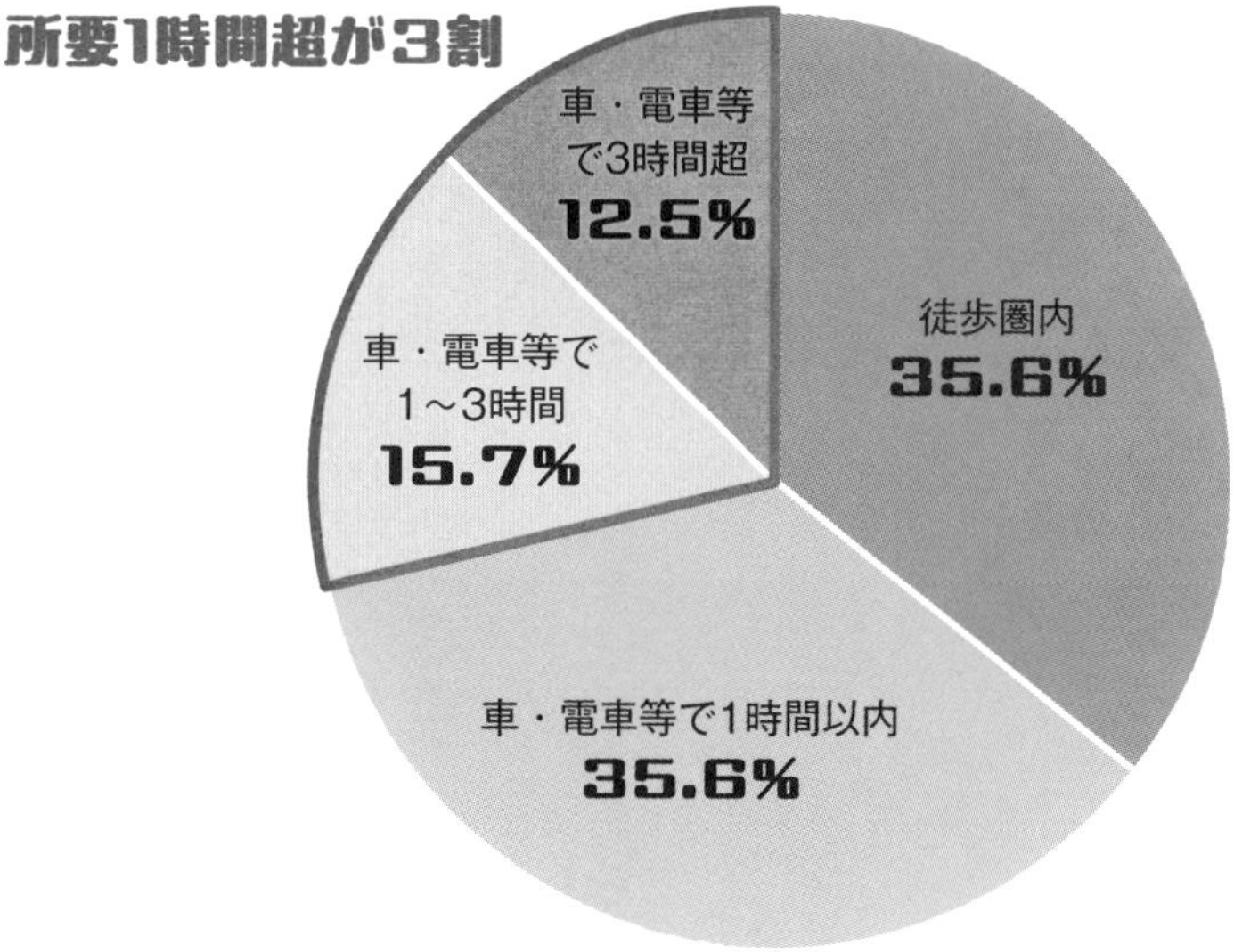

図表 空き家の所在地と所有者の居住地の関係
※国土交通省「令和元年空き家所有者実態調査」

②トラブルの原因

● 実家を離れて数十年…

そもそもなぜ親の実家を相続した後、空き家のままほったらかしにしているのか。そこにはいくつかの理由があります。

第一に前ページの図表のように、相続した実家が遠い場合、通うには時間と交通費がかかります。親が元気なうちは子どもを連れて帰っていたかもしれませんが、子どもが大きくなると足が遠のきます。

その後、相続が発生して遠方の実家を引き継いだとしても、仕事や家庭の事情からそう簡単に帰省できるとは思えません。

さらに、**先ほど触れたようにこれまでは空き家であっても固定資産税等の「住宅用地の課税標準の特例」で税金の負担がさほど重くなく、そのままほったらかしになっていたのです。**

それでも中には、建物をリフォームして貸し出そうとか、建物を壊して更地にして売却しようと考える人もいます。

しかし、見積もりをとってみると数百万円から1000万円以上になることもあり、さらに面倒くさくなってそのままほったらかしになるのです。

③ トラブルの解決策

● 考えられる選択肢は五つ

誰も住まなくなった実家をどうするか。はっきり言って解決策はそれほど多くはありません。解決策とは違いますが、選択肢は大きく分けて五つあると思います。

第一は、空き家のまま現状維持を続けることです。そもそも相続で「なんとなく共有」とし、共有者の合意が得られない場合などはどうしてもそうなってしまいます。

第二は、売却してしまうことです。売買専門の仲介会社に依頼したり、自治体が運営する「空き家バンク」に登録したり、最近は空き家を専門とする民間のマッチングサイトも複数あります。

第三は、第三者に貸すことです。これも賃貸専門の仲介会社に依頼したり、自治体の「空き家バンク」に登録したり、民間のマッチングサイトを利用したり方法はいろいろあります。

第四は、民泊やゲストハウスとして利用することです。都市部はもちろん地方においても観光地に近いところなどでは可能性があります。最近は日本の田舎を好むインバウンド需要が盛り上がっているという話もあります。

第五は、自分で住んだり、別荘として利用することです。ただ、自分で住むといっても遠方であれば会社を退職した後になるでしょうし、その際に配偶者や子が一緒についてきてくれるとは限りません。

● 民間の様々な「空き家」向けサービスも登場

「空き家バンク」を運営する自治体はどんどん増えています。ただ、「空き家バンク」の多くはあくまで物件紹介がメインです。実際の取り引きにあたっては、地元の不動産会社などを通して契約するのが一般的です。

そこで最近は、「空き家」に対する様々な民間のサービスが登場しています。例えば、空き家のマッチングサイトは複数あり、私たちも「空き家のURI・KAI」というサイトを運営しています。ぜひ、活用してみてください。

● 一定の条件を満たせば手放すことも可能

なお、2023年4月27日から「相続土地国庫帰属制度」という制度がスタートしています。過去に相続した土地についても対象で、これまでにない画期的な制度といえます。

ただし、「放棄」といっても実際には「相続放棄」とは異なり、一定の条件を満たすことを条件に、土地の所有権を国に引き取ってもらう

図表 「空き家のURI・KAI」ホームページ

ことができるというものです。

さらに、こうした条件をクリアした後、土地の所有権の国庫への帰属の承認を受けたら、30日以内に所定の「負担金」を国に納付する必要があります。負担金の額は、土地の種目ごとに定められた管理費用の10年分が基本で、最低でも20万円掛かります。

こうしたハードルがあることから、そう簡単には利用できないのではないかという印象です。実際、国の試算でも利用の見込み率（参考値）はわずか0・95％とされます。

申請にあたって右のいずれかに該当しないこと	① 建物がある土地 ② 抵当権や賃借権、地上権などが設定されている土地 ③ 通路が設定されている土地 ④ 土壌汚染のある土地 ⑤ 境界が不明であったり所有権などを巡って争いのある土地
申請後、法務局による実地調査が行われ、右のいずれにも該当しないと確認されること	① 勾配や高さが一定以上の崖がある土地 ② 通常の管理や処分に障害となる工作物や樹木などがある土地 ③ 除去が必要な埋設物がある土地 ④ 隣接する土地所有者と争訟によらないと通常の管理や処分ができない土地 ⑤ その他、通常の管理や処分に過分の費用や労力が必要な土地

図表 「相続土地国庫帰属制度」の対象となる土地の主な条件

ステップ1 承認申請	相続等によって土地の所有権又は共有持分を取得した者は、法務局に対して、その土地の所有権を国庫に帰属させることについて承認を申請する。なお、申請時には土地一筆当たり1万4000円の審査手数料が必要。
ステップ2 要件審査・承認	法務局は承認の審査をするために必要と判断した時は、職員による調査を行う。そして、通常の管理や処分をするよりも多くの費用や労力がかかる土地として法令に規定されたものに当たらないと判断した時は承認する。
ステップ3 負担金納付	土地の所有権の国庫への帰属の承認を受けたら、30日以内に所定の負担金を国に納付する。
ステップ4 国庫帰属	負担金を納付した時点で、土地の所有権が国庫に帰属する。

図表　「相続土地国庫帰属制度」の手続きの流れ

④ トラブルの予防策

● 早めにどうするか方向性を決める

解決策と同じように、予防策もかなり限られるのが実際のところです。

あえていうなら、両親ともに亡くなり、地方にある実家に誰も住まないことがはっきりした時点で、すぐ売るのか、建物を生かして賃貸を行うのか、建物を取り壊して土地を売却するのか、相続人の間で話をしておくべきです。

「面倒なことは先送り」「とりあえず共有」という発想がトラブルの原因であり、それをやめるだけでもかなり予防できると思います。

● 「売却」より「賃貸」のほうがハードルは低い

誰も住まなくなった実家をどうするか。トラブルを避ける方法としてぜひ考えてみたいのが、そのまま貸すということです。

相続してから比較的早い段階であれば、建物や内装、設備もしっかりしており、そのまま人が住むことは可能でしょう。

また、貸すことで人が住んでいれば、空き家で閉め切っておくより建物は傷みにくいですし、雨漏りなど不具合があればすぐ発見でき、建物を維持管理する上でも好都合です。

こういうと「本当に借りる人がいるのか」と疑問に思われるでしょうが、地方でも賃貸住宅というとアパートや賃貸マンションがほとんどで戸建ての貸家は少ないとされます。

空き家については、意外にいろいろな可能性があると思います。

チェック

・両親ともに亡くなり、地方にある実家に誰も住まないことがはっきりした時点で、どうするかを相続人間で話し合う。

・空き家を相続してから早い段階であれば、建物や内装なども整っているので、貸しやすい。

CHAPTER

9

事故物件

築40年を超えるマンションで孤独死、すぐ売ろうと思ったがうまくいかず……

訳あり不動産の風景9

建物の老朽化と居住者の高齢化が同時に進行

高橋さん
マンションをすぐには売れないと言われて困ってます…
マンションで一人暮らしをしていた90歳になる父親がいました
持病もなく年の割には元気そのもの
仕事が忙しくて父さんにここ数日連絡してなかったな
トゥルルル
トゥルルル
あれ？出ないぞ
父さん！
死因は脳出血でした

警察の検視
葬式や火葬の手配
専門業者に頼んで室内の清掃・・・
気が休まる暇もない…
バタバタ
ようやく少し落ち着いてきた
ふ〜
弟と相談しなきゃな
父さんの住んでたマンションどうしよう
売ろうか？
そうだな
仲介業者に相談へ
こちらのマンションすぐには売れませんね
えっ

事故物件の問題ですね
そうなんです…何とかしてもらえませんか
分かりました
さっそく現地を拝見させていただきましょう
相続の手続きがどうなっているのかも教えてください
老朽化が進んでますね
築40年以上経ってますからね

管理組合の運営もうまくいってないようですね
掲示板
管理組合
住んでいる方たちも高齢化しているので…
こういうマンションは買い手を見つけるのが難しいんですよ
ただ立地的には都内でも人気エリアですしね
お願いします
最終的には当社で買い取らせてもらうことになりました
老朽化したマンションは今後新たなワケあり不動産として大きな問題になっていくのではないかと思います

① トラブルのポイント

年々増えていく孤独死

「孤独死」には特に法律上の定義はありません。一人で暮らしている人が周りに気づかれないうちに自宅で亡くなっていたという意味で使われています。

統計上、世帯構成に占める単独世帯の割合は年々、増加しており、それとともに孤独死が増えていくことはある意味、仕方がないといえるでしょう。もちろん、孤独死は家族と一緒に暮らしていたり、隣近所との普段からのコミュニケーションが機能していればある程度、防げるはずです。あるいは、IT技術を活用することで異変を早期に察知することが可能かもしれません。

そうした対策は今後もぜひ、積極的に講じて

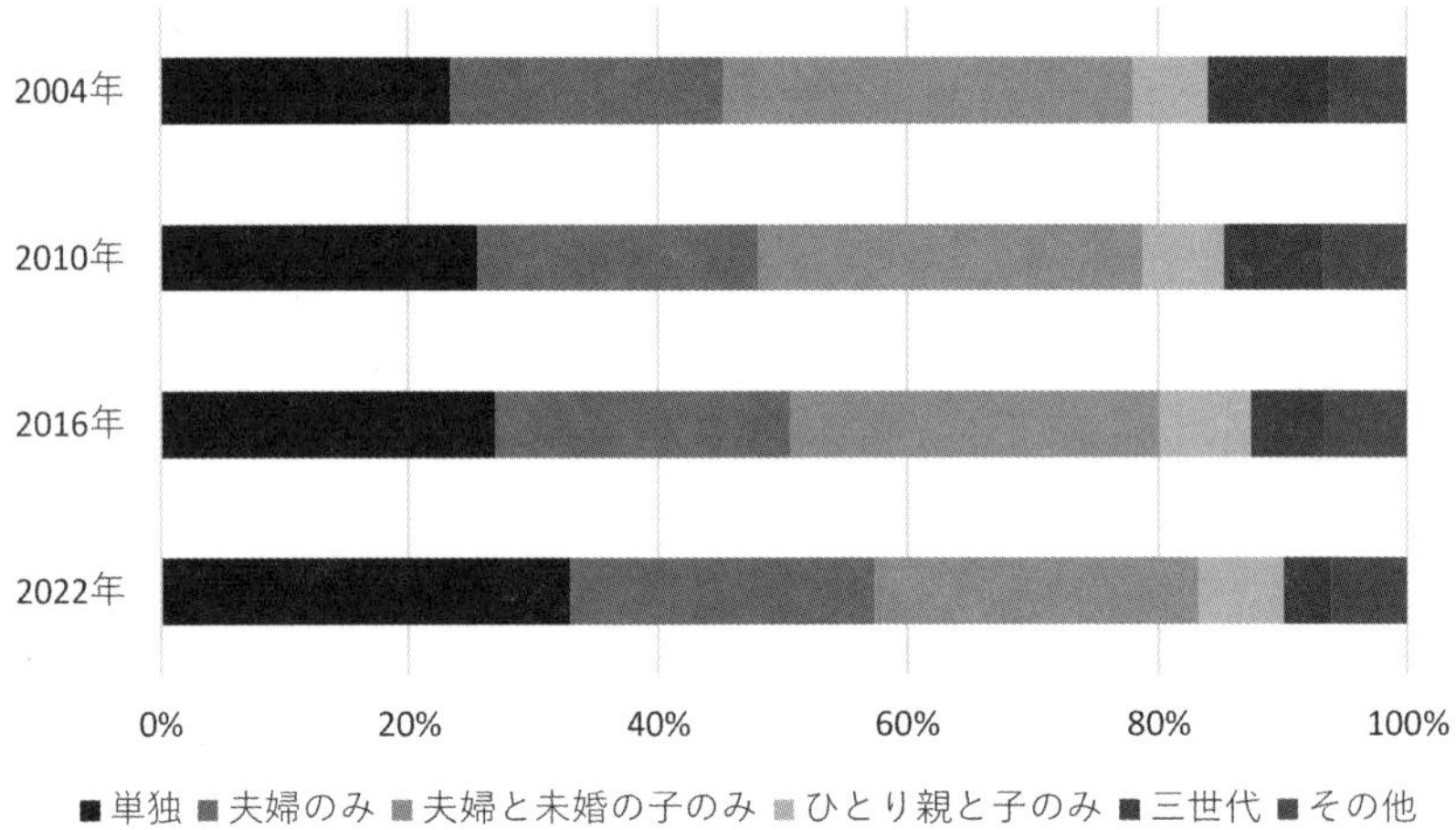

図表 世帯構成の推移
※厚生労働省「2022 年国民生活基礎調査の概要」より作成

いくべきであると思います。

●分譲マンションの管理不全との関連性

一方で、高橋さんのお父さんのケースもそうですが、築年数がかなり経った分譲マンションにおける孤独死という視点も重要です。日本では1960年代から本格的に分譲マンションの販売が行われ、いまでは都市部においては一戸建てよりも分譲マンションのほうが居住形態としては一般的になっています。分譲マンションは同じ建物に複数の住戸があり、それぞれを区分所有という形で多くの所有者が購入し、暮らしているのが特徴です。区分所有者は分譲マンションを購入すると法律上、当然に管理組合のメンバーとなり、共用部分をはじめ建物や設備、敷地等の維持管理の責任と義務を負います。

ところがいま、分譲マンションのうち築40年

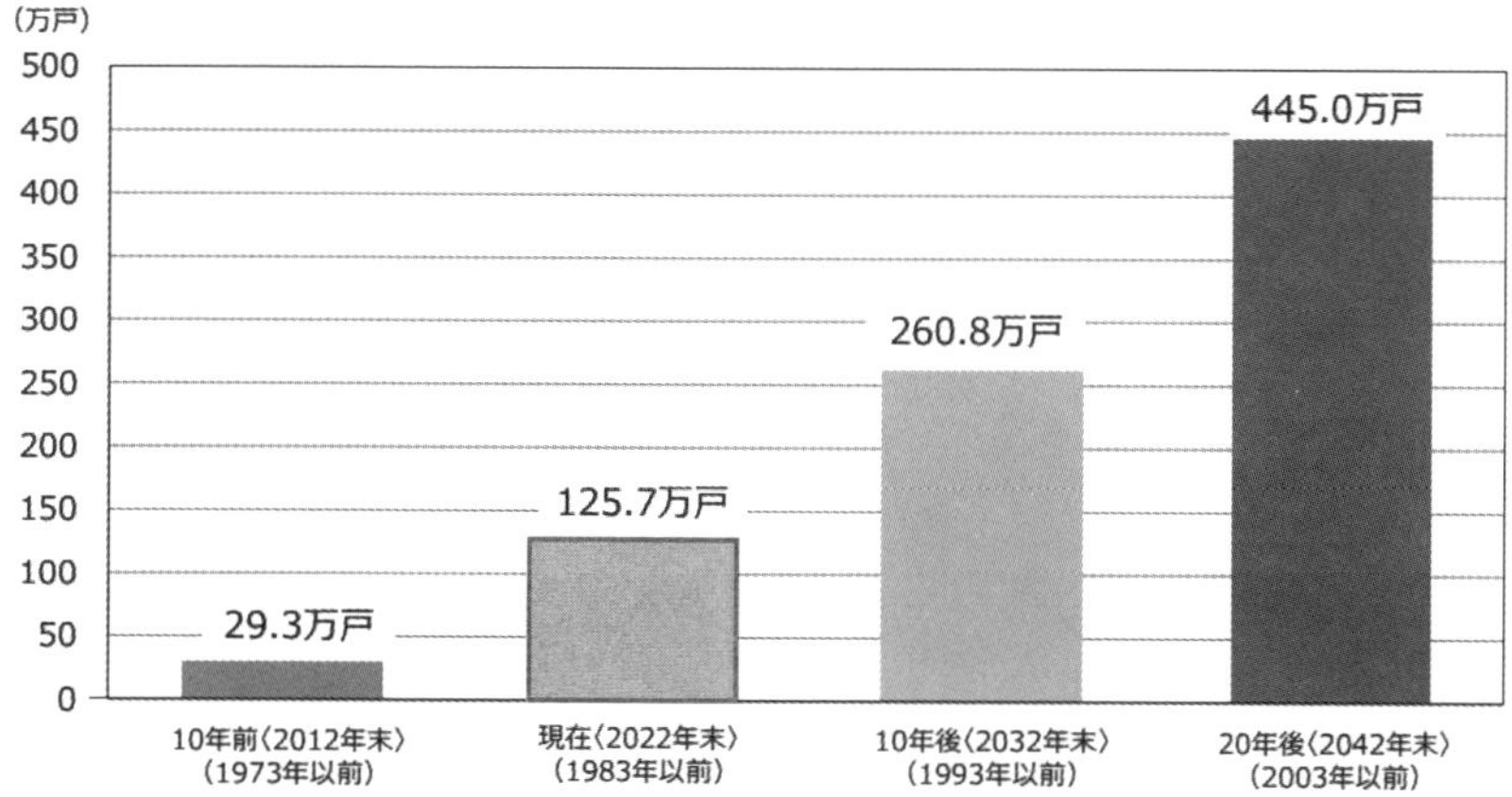

図表 築40年以上のマンションのストック数の推移
※国土交通省HPより。( )括弧内は築40年以上となる築年を示す。
※建築着工統計等を基に推計した分譲マンションストック戸数及び国土交通省が把握している除却戸数を基に推計

を超えるような「経年マンション」が急速に増えています。こうした「高経年マンション」では、建物や設備の劣化が進むとともに、所有者も高齢化するため管理費や修繕積立金の滞納、管理組合の役員のなり手不足など、ハード・ソフトの両面で様々な問題が起こります。これが**「管理不全マンション」**と呼ばれるものです。

例えば、東京都では1983年以前に建築された分譲マンションの約17%に、管理組合がない、管理者がいない、管理規約がない、総会が開かれていない、管理費を集めていない、修繕積立金を集めていない、修繕が計画的に実施されていないなど、管理不全の兆候があるとされます。こうした「経年マンション」でかつ「管理不全マンション」では、居住者同士の交流も少なくなりがちで、孤独死の温床となりかねません。

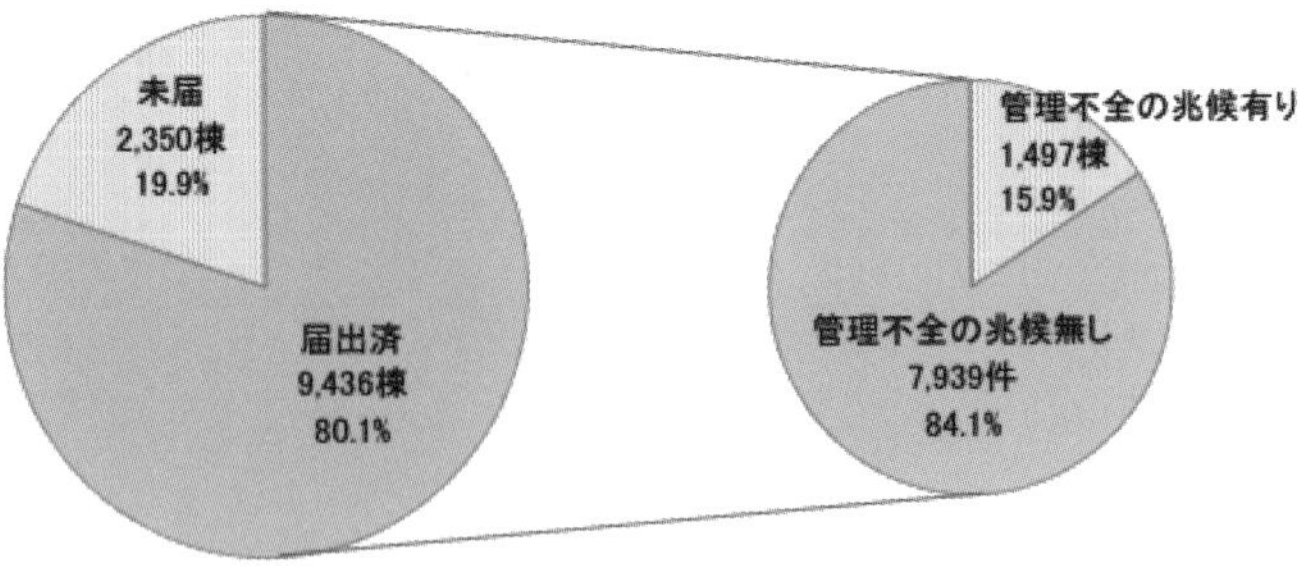

図表 東京都内の管理不全マンションの概要

※東京都「東京 マンション管理・再生促進計画」より。令和3年度（2021年）月末時点

② トラブルの原因

● 室内での孤独死は心理的瑕疵の一つ

高橋さんのお父さんのケースでは、孤独死そのものがもちろん問題ではありますが、むしろ孤独死にともなってその住戸を買う人や借りる人がどう感じるかという点が重要です。

日本では現在、毎年１５０万人近い人が亡くなっており、自宅で亡くなる人も一定数います。そのすべてが借り手や買い手にとっての関心事ということでもないでしょう。

一方、分譲マンションは生活の拠点として、毎日の生活を送る場所です。**そのため、過去にどのような人が住んでいたのか、特にそこで事件や事故があったかどうかは心理的に大きな関心事です。**これを専門的には物件の「心理的瑕疵」といいます。基礎や構造材に不具合があったりする「物理的瑕疵」、敷地が接道義務を満たしていないなどの「法律的瑕疵」と並んで、「心理的瑕疵」を巡っての裁判もかなりあります。これがトラブルの原因といえます。

● 国土交通省のガイドラインが一つの目安

ただ、「心理的瑕疵」は人の気持ちに関わるもので、判断が難しいという特徴があります。

そこで国土交通省では２０２１年に「宅地建物取引業者による人の死の告知に関するガイドライン」を公表し、賃貸や売買など不動産取引における心理的瑕疵の調査や告知に関する一定の目安を示しています。このガイドラインのポイントは、次ページの図表のように宅地建物取引業者が借主や買主に対して心理的瑕疵について告げなくても良い場合の目安が明示されたことです。

①賃貸借取引及び売買取引の対象不動産において自然死又は日常生活の中での不慮の死が発生した場合
②賃貸借取引の対象不動産において①以外の死が発生又は特殊清掃等が行われることとなった①の死が発覚して、その後おおむね３年が経過した場合
③賃貸借取引及び売買取引の対象不動産の隣接住戸又は借主もしくは売主が日常生活において通常使用しない集合住宅の共用部分において①以外の死が発生した場合又は①の死が発生して特殊清掃等が行われた場合

図表　宅地建物業者が心理的瑕疵について告げなくても良いケース

このガイドラインの第1のポイント、自然死や日常生活の中での不慮の死は借主や買主に告知しなくて良いということです。高橋さんのお父さんのケースも、亡くなってすぐ発見されていれば特に問題はありませんが、時間が経っていれば特殊清掃などが行われていれば対象外となります。第二に、おおむね3年が経過すれば告知が不要になるのはあくまで、賃貸借取引の場合です。売買取引の場合はおおむね3年経過すれば良いというわけではなく、裁判例では数十年経った後でも告知義務を認めたケースもあり、より慎重な対応が必要です。第三に、マンションであれば室内とその他の通常使用しない共用部分において、扱いが異なることがあります。高橋さんのケースでいえば、こうした国土交通省のガイドラインを守ることがトラブルを避ける一つの方法といえるでしょう。

③トラブルの解決策

●ある程度、時間が経ってから売却する

孤独死が発生した分譲マンションの住戸を売却する場合、一般的には買い手に対する告知が必要となり、取引価格をある程度、引き下げる必要があります。

こうした事故物件の取り引きはさほど多いわけではないものの、不動産業界の一般的な目安としては通常のケースに比べて20～50％程度安くなると言われます。

ただ、人の記憶は年月とともに薄れていくものであり、可能であれば数年ほど期間をあけてから売却するほうが良いでしょう。

●買取専門の不動産会社に売却する

あるいは、価格を下げても買い手が付かない場合、買取専門の不動産会社に売却するのも一つの手でしょう。

売却までが比較的短期間ですみますし、周囲に売却することを知られずに済むという点もメリットです。

また、買取専門の不動産会社はプロであり、心理的瑕疵についても承知した上で取り引きしますから、後から揉めるリスクも低くなります。

ただし、買い取り価格は市場で売買するより低くなるのは避けられません。それでも、事故物件を早く手放したいという人には有力な選択肢です。

④トラブルの予防策

●日頃からこまめな連絡と周囲とのコミュニケーションが大事

高齢になり、一人で暮らす人は今後も確実に増えていくでしょう。中には、一人暮らしのほうが気楽でいいという人もいて、孤独死を完全に予防することは難しいと思います。

とはいえ、親族が日頃からこまめに連絡を取ったり、分譲マンションにおいては管理組合が活発に活動していて周囲とのコミュニケーションが良好であれば、リスクは間違いなく軽減されます。

これは日本社会全体の課題でもあり、一人ひとりが身近にできることから取り組んでいくしかないと思います。

チェック

・孤独死のあったマンションでは、可能であれば数年ほど期間をあけてから売却するほうが良い。

・親族間コミュニケーションをしっかりとり、孤独死が起きないようにする。

訳あり不動産
キーワード集

▼空家対策特別措置法（あきやたいさくとくべつそちほう）

正式には「空家等対策の推進に関する特別措置法」。増え続ける空き家に危機感を募らせている国では2015年2月にこの法律を施行し、市区町村が指定した「特定空家等」については助言・指導・勧告・命令などの措置が取れることとしました。

「勧告」までいくと固定資産税・都市計画税において認められている「住宅用地の課税標準の特例」の適用が除外され、固定資産税等の額が最大6倍に増えます。また、同法の改正によって2023年12月からは「管理不全空家」についても指導・勧告の対象となり、固定資産税等の額が最大6倍に増える可能性があります。

▼位置指定道路（いちしていどうろ）

道路には大きく分けて国や各自治体が所有・管理している「公道」と、それ以外の個人や団体等が所有・管理している「私道」があります。「位置指定道路」は「私道」の一種で、特定行政庁（都道府県知事や市町村長等）から道路位置指定を受けたものです。

「位置指定道路」は建築基準法における「道路」に当たりますが、所有権は個人や団体等にあり、通行や使用にあたってトラブルになることがあります。

▼境界（きょうかい）

「境界」には公法上の土地（筆）の同一性を示す「筆界《ひっかい》」と、所有権が及ぶ範囲を示す「所有権界《しょゆうけんかい》」があります。「筆界」は法律によって定められたもので、隣あった土地の所有者同士の合意で変更することはできません。一方、「所有権界」は一筆の土地を分筆して、新たな筆界を設けることで変更することができます。

通常、「筆界」と「所有権界」は一致しており、目印としての境界識や法務局の公図や地積測量図によって「筆界」を確認することになりますが、歴史的な経緯等から「筆界」が不明確になっている土地も少なくありません。

▼共有（きょうゆう）

複数の人が同じ物を同時に所有する状態を「共有」といいます。共有関係にある人を「共有者」、共有の対象になっている物を「共有物」、共有者の共有物に対する権利を「持分」又は「持分権」と呼びます。

共有物の扱いついては保存・管理・変更の３段階に分かれており、「保存」は共有者が単独で行えるものの、共有物を賃貸借するなどの「管理」には共有者の持分の過半数、さらに共有物の売却や取り壊しといった「変更」には共有者全員の同意が必要です。

▼心理的瑕疵（しんりてきかし）

瑕疵とは欠陥のことで、不動産においては物理的瑕疵、法律的瑕疵、環境的瑕疵、心理的瑕疵の４種類があるとされ、これらのうち心理的瑕疵とは不動産において発生した人の死亡や事故などを指します。

国土交通省では２０２１年に「宅地建物取引業者による人の死の告知に関するガイドライン」を公表し、賃貸や売買など不動産取引における心理的瑕疵の調査や告知に関する一定の目安を示しています。それによれば、自然死や日常生活の中での不慮の死は借主や買主に告知しなくてもよく、また賃貸借の場合はおおむね３年が経過すれば告知が不要です。

▼戸籍謄本（こせきとうほん）

不動産の相続登記では「戸籍謄本」と「遺産分割協議書」が必要です。このうち「戸籍謄本」は、相続が発生したこと及び相続人に当たるのが誰なのかを証明するために必要な書類であり、特に亡くなった人（被相続人）についてはその出生から死亡までの連続した戸籍謄本を確認しなければなりません。

しかし、何代にもわたって相続登記がされていない場合、現時点での所有者が自分の所有権を証明するためには親子関係を遡って各地の「市区町村役所・役場」から何人もの戸籍謄本を入手する必要が出てきます。一般の人が仕事の合間に行うのはなかなか難しく、弁護士などの専門家に依頼するほうが合理的です。

▼借地（しゃくち）

建物を建てるために地代を払って他人から借りた土地のことを「借地」といいます。借地の権利を「借地権」、借地権を持っている人を「借地人」と呼びます。一方、借地権が設定された土地は「底地」、底地を持っている人が「地主」です。

相続税の計算上、借地権の評価額と底地の評価額を合計すると所有権（更地）の評価額になりますが、借地権、底地とも様々な制約があり実際の取引では相続税評価額よりはるかに低い価格にしかなりません。また、借地人と地主は、それぞれ相続で代が変わったりすると関係が悪化しやすい傾向があります。

▼接道義務（せつどうぎむ）

建築基準法では建物を建てるためには原則として敷地が４ｍ以上の幅のある道路に２ｍ以上接していなければなりません。これが「接道義務」です。接道義務を満たしていない敷地に建物を建てることはできず、接道義務を満たしていない土地にすでに建物がある場合も増築や再建築はできません。

注意しなければならないのは、「接道義務」における「道路」について建築基準法では六つに分類しており、それ以外は基本的に接道義務における「道路」には当たらないこと。見た目だけでは判断できません。

▼相続登記義務化（そうぞくとうきぎむか）

不動産登記法の改正等により２０２４年４月１日以降、相続で不動産を取得した人は原則として相続から３年以内に相続登記の申請をしなければなりません。また、過去の相続についても義務化の対象となり、これまで相続登記をしていない場合も原則として２０２４年４月１日から３年以内にしなければなりません。正当な理由がないにもかかわらず申請をしなかった場合には、10万円以下の過料の対象となります。

なお、住所などを変更した場合も２０２６年４月１日から登記申請が義務化される予定で、変更があった日から２年以内に登記申請しないと５万円以下の過料の対象となります。

▼二世帯住宅（にせたいじゅうたく）

親世帯と子世帯が同じ敷地に暮らす住宅のことです。親世帯にとっては子世帯がすぐ近くにいて安心であり、子世帯にとっては土地を新たに購入したりせずにマイホームを建てられることなどがメリットです。一方、めぼしい遺産が二世帯住宅の建っている土地だけの場合、相続人が他にもいると遺産分割で揉めやすいといえます。

袋地（ふくろち）

他の土地に囲まれ公道に出られない土地のことで「無道路地」とも言われます。建築基準法における接道義務を満たせないので建物が建てられません。ただし、民法では袋地の所有者には袋地の周りを取り囲む土地（囲繞地《いにょうち》）の所有者に通行を請求する権利が一定の要件のもと認められています。

ペアローン

夫婦がマイホームを取得する際、それぞれが住宅ローンを借りてマイホームは「共有」、住宅ローンについてはお互いが「連帯保証人」になるケースを指します。そのまま結婚生活が順調なら問題ありませんが、いざ離婚となるとトラブルになりやすいといえます。

連帯保証人（れんたいほしょうにん）

保証人の一種ですが、単なる「保証人」とは責任の重さが違います。保証人は債務者が返済できなかった時にだけ責任を負いますが、「連帯保証人」は主債務者と同じ責任があり、債権者はどちらに請求しても良いとされます。

ペアローンで購入したマイホームで問題となりやすいのは離婚することになった時です。売却した代金で夫婦ともに住宅ローンを完済できれば良いのですが、それが難しい場合はそれぞれ追加の自己資金が必要になります。また、自分の住宅ローンを全額、返済したとしても、相手の住宅ローンの連帯保証人から抜けることは難しいとされます。金融機関は離婚するからという理由だけで連帯保証契約の解除を認めることは通常ないからです。

訳あり不動産（わけありふどうさん）

筆者の造語です。「訳あり不動産」というと一般的に、孤独死や自殺があった心理的瑕疵や、床に置いたビー玉が自然に転がったり土台がシロアリに食われていたりする物理的瑕疵がある物件と思われがちです。しかし、一つの不動産を複数の相続人が共有していたり、隣地との境界がはっきりしなかったり、敷地の接する道路が他人の私道であったり、借地人と地主が揉めていたりするケースも「訳あり不動産」に当たり、むしろそうしたケースのほうが多いと思われます。

日本全国にこうした「訳あり不動産」がどれくらいあるのか、はっきりしたことは分かりませんが数百万戸にのぼっても不思議ではなく、誰しも巻き込まれる可能性があるのです。

おわりに――「訳あり不動産」を売却したい方へ

私が日々感じるのは、いま「訳あり不動産」がどんどん増えてきているということです。そこにはいくつか理由があるように思います。

一つは相続が増えていることです。少子高齢化が進む日本では年々、亡くなる人が増えており、人が亡くなれば必ず付いてくるのが相続です。

相続の件数自体が増えていることで、「訳あり不動産」も増えているのです。

もう一つは、自戒の念を込めて申し上げるのですが、不動産業界の歪みが出てきている部分があるということです。

かつて、住宅を建てれば飛ぶように売れた時代もあり、都市部では特に土地を無理矢理細かく区切り、狭小な建売住宅を建てたりしてきました。

こうした建売住宅の多くは、建築基準法さえ満たせばいいということで、位置指定道路を引込み、奥の区画が袋地になることも少なくありませんでした。

空き家がこれだけ増えて大きな社会問題になっているのも、新築至上主義でどんどん新しい家を建ててきた政策とそれに乗った住宅会社、不動産会社の姿勢に問題がなかったとはいえないでしょう。

マンションについていえば近年、ペアローンの問題があります。

分譲マンションの価格がどんどん高騰し、普通のビジネスパーソンではなかなか手が届かなくなりました。

そこで、共働きのパワーカップルにペアローンでの購入を勧める不動産会社が少なくありません。一方で共有と連帯保証、自己資金が少ないことなどのリスクについてはほとんど説明していません。今後、物価上昇につれて金利が上昇し、住宅ローン（変動型）の適用金利も上がってくると、大変なことになるのではないか心配です。

こうした不動産市場の歪みを放置しておくと、空き家もそうですし、所有者不明の土地もこれからさらに増えていくのではないかという危機感が私にはあります。

それゆえ「訳あり不動産」に警鐘を鳴らし、微力ながらその解決の一助になりたいと考えています。

私たちが掲げているのは「価値ある未来を創造する」「価値あるものを次の世代につないでいく」という理念であり、「訳あり不動産」をこの世からなくしていくことを通じ、業界の内側から変えていこうと真剣に考えています。

最後に、「訳あり不動産」を売却しようと思っている方へ少しアドバイスさせてください。

第一に、どこに相談するかがとても重要です。

有名な大手不動産会社が良いとは限りません。なぜなら、大手であればあるほど「訳あり不動産」のような面倒な物件は扱いたがりません。他にいくらでも売りやすい物件、買いやすい物件があるからです。

そうしたところに相談してショックを受け、「どうしようもないんだ」と諦めないでください。

第二に、「訳あり不動産」を売却する際、鍵になるのが賃貸需要です。

借り手がいれば個人投資家も興味を示します。相談先の不動産会社がそういう個人投資家を顧客として抱えているかどうかが一つのポイントになります。

そういう顧客層と繋がっていない不動産会社では、取扱い件数が少ないのでどう処理すればいいのかノウハウがありません。

ぜひ「訳あり不動産」について相談するなら、会社の規模や知名度ではなく、これまでの実績とともにその対応力などを口コミ情報などで確認してみてください。

そして、その不動産会社がどういうミッション、ビジョンを掲げているのかをぜひ見比べてください。

私たちはみなさんに選ばれるようこれからも努力を続けていきます。

本書をお読みくださりありがとうございます。
少しでも家が売れなくて困っている方のお役に立てれば幸いです。

また、地元の不動産業者で買取が難しいと言われた家を売却したい、相続予定の実家が売れるのか相談したいなど、本書の内容をさらに詳しく知りたい方は、下記QRコードよりご確認ください。

丸岡　智幸（まるおか　ともゆき）

株式会社ネクスウィル代表取締役。

1983年生まれ。茨城県出身。

2002年高校を卒業し、大手電力会社に約10年勤務。その後、不動産会社で投資用アパートの販売業務などに従事する。

2019年に独立し、株式会社ネクスウィルを創業。

2020年10月に「訳あり不動産」の買い取りに特化した不動産買い取り事業を開始。買い取りサービス「ワケガイ」のサイト運営を行う。

2022年２月からは、空き家や「訳あり不動産」を個人間売買できるオンラインマッチングサイト「空き家のURI・KAI」も立ち上げる。


「訳あり不動産」や空き家の社会問題化が深刻化するなか、「訳あり不動産」を取り扱うリーディングカンパニーとして、事業を拡大して不動産問題の解決を目指している。

拝啓 売りたいのに家が売れません

2024年5月2日　初版第１刷発行

著者　丸岡智幸

カバー&本文デザイン&DTP　㈱明昌堂
漫画／イラストレーション　べじこ
ブックライター　古井一匡

発行者　石井　悟
発行所　株式会社自由国民社
〒171-0033　東京都豊島区高田3丁目10番11号
電話　03-6233-0781（代表）
https://www.jiyu.co.jp/

印刷所　横山印刷株式会社
製本所　新風製本株式会社
編集担当　三田智朗
企画協力　株式会社ブックダム